AF307039

Marion Effing · Klaus Effing

Organisation des Kommunalverwaltungs-marketings

Wie Strukturen, Kultur und Führung wirksame Kommunikation ermöglichen

Marion Effing
International University (IU)
Münster, Deutschland

Klaus Effing
KGSt Kommunale Gemeinschaftsstelle
für Verwaltungsmanagement
Köln, Deutschland

ISSN 2197-6708 ISSN 2197-6716 (electronic)
essentials
ISBN 978-3-658-52038-0 ISBN 978-3-658-52039-7 (eBook)
https://doi.org/10.1007/978-3-658-52039-7

Die Deutsche Nationalbibliothek verzeichnet diese Publikation in der Deutschen Nationalbibliografie; detaillierte bibliografische Daten sind im Internet über https://portal.dnb.de abrufbar.

Springer Gabler ist ein Imprint der eingetragenen Gesellschaft Springer Fachmedien Wiesbaden GmbH und ist ein Teil von Springer Nature.
Die Anschrift der Gesellschaft ist: Abraham-Lincoln-Str. 46, 65189 Wiesbaden, Germany

Wenn Sie dieses Produkt entsorgen, geben Sie das Papier bitte zum Recycling.

Was Sie in diesem *essential* finden können

- Warum Kommunalverwaltungsmarketing Organisation braucht – nicht nur Kommunikation.
- Wie Kommunalverwaltungsmarketing in Kommunen organisatorisch verankert werden kann.
- Welche Rollen, Kompetenzen und Führung wirksame Verwaltungskommunikation ermöglichen.

Inhaltsverzeichnis

Abgaben zur Autorin und zum Autor

Prof. Dr. Marion Effing   Ist Professorin für Tourismusmanagement an der International University sowie Dozentin an der Hochschule für Polizei und Verwaltung NRW und promovierte und forscht unter anderem zum Thema „Verwaltungsmarketing".

International University (IU)
Weseler Str. 480
48163 Münster, Deutschland

Dr. Klaus Effing   Ist Vorstand der KGSt (Kommunale Gemeinschaftsstelle für Verwaltungsmanagement) und hat zuvor viele Jahre beim Kreis Steinfurt gearbeitet, zuletzt als Landrat. Er ist außerdem Dozent an der Universität für Verwaltungswissenschaften Speyer.

KGSt Kommunale Gemeinschaftsstelle für Verwaltungsmanagement
Gereonstraße 18–32
50670 Köln, Deutschland

Einleitung 1

Kommunale Verwaltungen kommunizieren heute unter deutlich veränderten Bedingungen. Bürger*innen erwarten transparente Informationen, verständliche Erläuterungen und zunehmend auch dialogorientierte Beteiligung. Gleichzeitig stehen kommunale Entscheidungen stärker unter öffentlicher Beobachtung, und digitale Medien erhöhen Tempo und Reichweite kommunaler Kommunikation. Kommunikation ist damit zu einem zentralen Bestandteil kommunalen Handelns geworden.

In der Praxis bleibt häufig unklar, wie Verwaltungsmarketing organisatorisch verankert werden soll. Kommunikationsaufgaben sind in vielen Verwaltungen über verschiedene Bereiche verteilt oder entstehen situativ aus konkreten Anforderungen. Dadurch wird Verwaltungsmarketing oft auf einzelne Maßnahmen reduziert, während eine übergreifende strategische Einordnung ausbleibt. Gerade hierin liegt jedoch eine zentrale Herausforderung: weniger in der Kommunikation selbst als in ihrer strukturellen Einbettung in die Verwaltung.

Dieses Buch nimmt daher eine organisationsbezogene Perspektive ein. Kommunalverwaltungsmarketing wird dabei als organisationsübergreifende Querschnittsfunktion verstanden. Im Mittelpunkt steht die Frage, wie Verwaltungsmarketing in kommunalen Organisationen so gestaltet werden kann, dass Kommunikation nicht nur sichtbar, sondern auch wirksam wird.

Die Autor*innen betrachten dazu verschiedene Gestaltungsdimensionen des Kommunalverwaltungsmarketings: zunächst die organisatorische Verankerung und typische strukturelle Herausforderungen, anschließend Organisationsmodelle und institutionelle Einbindung. Darauf aufbauend werden kulturelle Voraussetzungen kommunaler Kommunikation sowie Rollen und Kompetenzprofile der beteiligten Mitarbeitenden behandelt. Abschließend werden zentrale Beobachtungen aus der kommunalen Praxis zusammengeführt und eingeordnet.

Das Buch versteht sich bewusst als Orientierung für organisationale Entscheidungen. Es bietet keine Patentrezepte für einzelne Kommunikationsmaßnahmen, sondern zeigt, welche strukturellen, kulturellen und personellen Voraussetzungen wirksame Kommunikation in Kommunalverwaltungen unterstützen können.

Warum Kommunalverwaltungsmarketing Organisation braucht 2

Kommunalverwaltungen stehen heute in einem erweiterten Erwartungsraum. Von außen werden Transparenz, Verständlichkeit und Dialogfähigkeit eingefordert; politische Entscheidungsträger*innen erwarten kommunikative Unterstützung bei Steuerung, Legitimation und Konfliktbearbeitung; innerhalb der Verwaltung wächst der Bedarf an Orientierung, Koordination und Übersetzungsleistung. Diese Erwartungen sind weder neu noch grundsätzlich unberechtigt. Neu ist jedoch ihre Gleichzeitigkeit und Dynamik, verstärkt durch Digitalisierung, KI, soziale Medien und eine zunehmend kritische Öffentlichkeit. Kommunikation rückt damit in eine strategische Schlüsselrolle.

Aufbauend auf dieser Problemlage zeigt sich in der kommunalen Praxis ein strukturelles Spannungsverhältnis zwischen strategischem Anspruch und administrativen Handlungsmustern. Empirische Befunde weisen darauf hin, dass Zuständigkeiten im Kommunalverwaltungsmarketing häufig diffus bleiben und koordinierende Steuerungsmechanismen nur begrenzt ausgeprägt sind (vgl. Effing, 2025). Die daraus resultierenden Herausforderungen lassen sich dabei weniger auf individuelle Faktoren zurückführen als vielmehr auf organisatorische Rahmenbedingungen.

Dieses Buch setzt genau an diesem Punkt an. Es geht nicht um die Frage, ob Kommunalverwaltungsmarketing notwendig ist, sondern darum, wie es organisatorisch so verankert werden kann, dass es wirksam und realistisch sein kann. Die zentrale These lautet: Nicht fehlende Instrumente oder Kanäle sind das Hauptproblem, sondern die Art und Weise, wie Verwaltungsmarketing organisiert und in bestehende Verwaltungsstrukturen eingebettet ist. Wer über Wirkung sprechen will, muss daher zuerst über Struktur sprechen.

M. Effing, K. Effing, *Organisation des Kommunalverwaltungsmarketings*, essentials, https://doi.org/10.1007/978-3-658-52039-7_2

2.1 Warum Kommunalverwaltungsmarketing nicht „nebenbei" funktionieren kann

Verwaltungsmarketing ist seinem Wesen nach keine isolierte Fachaufgabe, sondern eine ausgeprägte Querschnittsfunktion. Es durchzieht nahezu alle Bereiche der kommunalen Verwaltung, ohne auf eindeutige Linienzuständigkeiten oder formale Weisungsbefugnisse zurückgreifen zu können. Gerade diese strukturelle Zwischenposition macht Verwaltungsmarketing zugleich unverzichtbar und anspruchsvoll. Es agiert an Übergängen und zwar dort, wo fachliche, politische und gesellschaftliche Logiken aufeinandertreffen.

Im Zentrum des Kommunalverwaltungsmarketings steht die dauerhafte Struktur zwischen Fachämtern, Verwaltungsführung, Politik und Öffentlichkeit (vgl. Abb. 2.1). Fachämter handeln meist rechtsgebunden und fachlich spezialisiert, die Verwaltungsführung verantwortet strategische Prioritäten und Ressourcen, politische Gremien treffen richtungsweisende Entscheidungen unter öffentlicher Beobachtung. Die Öffentlichkeit ist dabei nicht nur Adressatin, sondern zunehmend auch aktive Beobachterin und Mitgestalterin kommunalen Handelns. Verwaltungsmarketing übernimmt zwischen diesen Ebenen eine Übersetzungsleistung, die fachliche Präzision, politische Sensibilität und kommunikative Verständlichkeit verbindet.

Diese Aufgabe ist besonders kompliziert, weil Entscheidungsprozesse selten linear verlaufen. Zuständigkeiten sind verteilt, politische Mehrheiten können sich ändern, Beteiligungsverfahren verlängern Prozesse und rechtliche Rahmenbedingungen begrenzen kommunikative Handlungsspielräume. Verwaltungsmarketing kann hier weder rein dienstleistend noch steuernd agieren, sondern muss moderieren, koordinieren und einordnen.

Abb. 2.1 Kommunalverwaltungsmarketing als organisationsübergreifende Querschnittsfunktion. (Eigene Darstellung)

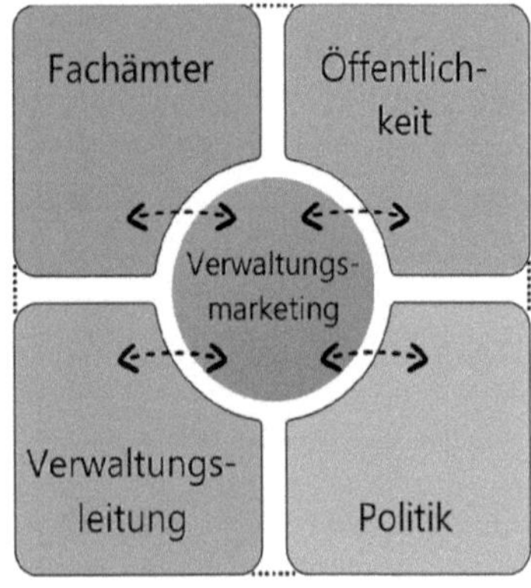

Zusätzliche Koordinationsanforderungen entstehen, weil kommunale Kommunikationslandschaften häufig über die Kernverwaltung hinausreichen. Ausgegründete Organisationen, etwa im Stadtmarketing oder in der Wirtschaftsförderung, verfolgen teilweise eigene kommunikative Zielsetzungen, ohne dass formale Durchgriffsrechte bestehen.

Besonders deutlich treten diese Herausforderungen in kleinen und mittleren Kommunen zutage. Begrenzte Ressourcen, Mehrfachrollen und geringe strukturelle Absicherung führen dazu, dass Verwaltungsmarketing stark personenabhängig bleibt. Sichtbar wird dabei vor allem: Es scheitert weniger an Engagement als an fehlender organisatorischer Klarheit.

Vor diesem Hintergrund kann Verwaltungsmarketing nicht „nebenbei" funktionieren. Querschnittsaufgaben benötigen klare Rollen, definierte Schnittstellen und akzeptierte Zuständigkeiten. Verwaltungsmarketing entfaltet seine Wirkung nicht durch mehr Aktivität, sondern durch strukturelle Verlässlichkeit. Nur so kann es seine verbindende Funktion zwischen Fachverwaltung, Führung, Politik und Öffentlichkeit erfüllen.

2.2   Typische Symptome fehlender Organisation

Wenn Verwaltungsmarketing als Querschnittsaufgabe nicht bewusst organisiert ist, zeigt sich dies weniger in fehlender Aktivität als in wiederkehrenden strukturellen, problembehafteten Symptomen. Diese sind in vielen Kommunen ähnlich ausgeprägt und deuten eher auf unklare organisatorische Rahmenbedingungen als auf mangelnde Professionalität hin. Gerade deshalb bleiben sie häufig lange bestehen und werden als Teil des kommunalen Alltags akzeptiert.

Ein zentrales Symptom ist die weiterhin verbreitete Reaktivität der Kommunikation. Zwar haben viele Kommunen ihre Kommunikationsarbeit in den vergangenen Jahren professionalisiert und proaktive Ansätze sowie strategische Themenplanung ausgebaut. Gleichzeitig bleibt diese Entwicklung häufig punktuell und stark personenabhängig. Ohne klare organisatorische Verankerung geraten strategische Vorhaben im Tagesgeschäft schnell unter Druck.

Beispiel: Reaktion nach Beschwerden

Eine Kommune arbeitet über mehrere Monate an einer neuen Verkehrsregelung. Intern werden Varianten diskutiert, politische Beratungen laufen. Öffentlich wird das Thema jedoch erst sichtbar, als erste Beschwerden in sozialen Medien auftauchen und die lokale Presse berichtet. Die Kommunikation reagiert nun kurzfristig – obwohl die Diskussion intern längst geführt wurde. ◄

Eng damit verbunden ist eine Fragmentierung kommunikativer Aktivitäten. Kommunale Organisationen sind durch arbeitsteilige, fachlich spezialisierte Strukturen und ein breites Leistungsportfolio geprägt. Diese begünstigen ein ausgeprägtes Zuständigkeitsdenken und erschweren fachbereichsübergreifende Abstimmung und Koordination (vgl. Kommunale Gemeinschaftsstelle für Verwaltungsmanagement, 2024a, S. 1–11 f.). Werden kommunikative Aufgaben auf mehrere Organisationseinheiten verteilt, können trotz guter Einzelarbeit inkonsistente Außenauftritte entstehen

Beispiel: Fragmentierte Kommunikation

Während das Umweltamt über eine neue Klimainitiative informiert, veröffentlicht die Wirtschaftsförderung gleichzeitig eine Meldung zur Gewerbeentwicklung. Parallel kommuniziert das Stadtmarketing eine Veranstaltung zum gleichen Thema. Für Bürger*innen entsteht dadurch kein gemeinsames Bild kommunaler Aktivitäten, sondern ein Nebeneinander einzelner Botschaften. ◄

Ein weiteres Symptom ist die starke Personalisierung des Verwaltungsmarketings. Gerade in kleinen und mittleren Kommunen wird Kommunikation häufig von einzelnen engagierten Mitarbeitenden getragen, die operative Umsetzung, fachliche Abstimmung und strategische Fragen zugleich übernehmen. Diese Praxis kompensiert strukturelle Defizite, bleibt jedoch fragil. Wissen, Routinen und Zuständigkeiten sind nicht institutionell abgesichert. Die KGSt (= Kommunale Gemeinschaftsstelle für Verwaltungsmanagement) weist darauf hin, dass fehlende klar definierte Rollen und Funktionen im organisationsbezogenen Aufgabenfeld zu Wissens-, Umsetzungs- und Akzeptanzproblemen führen können (vgl. Kommunale Gemeinschaftsstelle für Verwaltungsmanagement, 2024a, S. 1–15).

Hinzu kommen unklare Rollen- und Erwartungszuschreibungen. Verwaltungsmarketing wird je nach Situation als Pressestelle, Serviceeinheit, strategische Funktion oder politische Absicherung adressiert. Ohne organisatorische Rückendeckung führt dies zu defensiven Kommunikationsstrategien und zu einer starken Orientierung an Absicherungslogiken.

In kleinen und mittleren Kommunen verdichten sich diese Symptome besonders deutlich. Begrenzte Ressourcen, Mehrfachrollen und die gleichzeitige Verantwortung für operative und konzeptionelle Aufgaben verschärfen die strukturellen Spannungen. Gleichzeitig sind hier Nähe zur Bürgerschaft und pragmatische Lösungsorientierung oft besonders ausgeprägt. Ohne organisatorische Klarheit bleiben diese Potenziale jedoch unter ihren Möglichkeiten.

Die beschriebenen Symptome verdeutlichen: Fehlende Organisation äußert sich nicht in fehlender Kommunikation, sondern in fehlender Wirksamkeit. Wo Verwaltungsmarketing strukturell unklar bleibt, entsteht Aktivität ohne strategische Orientierung. Die zentrale Herausforderung besteht daher nicht darin, mehr zu kommunizieren, sondern Verwaltungsmarketing so zu organisieren, dass es seine Querschnittsfunktion zwischen Fachbereichen, Führung und politischer Steuerung dauerhaft und verlässlich erfüllen kann (Kommunale Gemeinschaftsstelle für Verwaltungsmanagement, 2010, S. 17 ff.).

2.3 Was zum Kommunalverwaltungsmarketing gehört und was nicht

In der Praxis wird der Begriff des Kommunalverwaltungsmarketings uneinheitlich verwendet und häufig mit Öffentlichkeitsarbeit, Stadt- oder Standortmarketing sowie einzelnen Kommunikationsinstrumenten gleichgesetzt. Diese begriffliche Unschärfe erschwert insbesondere die organisatorische Verankerung von Verwaltungsmarketing in Kommunen. Ausgangspunkt dieses Buches ist daher ausdrücklich eine organisationsbezogene Perspektive.

Kommunalverwaltungsmarketing bezieht sich auf den Kern der Kommunalverwaltung als Teil der Exekutive, die gesetzlich definierte Aufgaben wahrnimmt und politisch beschlossene Maßnahmen umsetzt. Aufgaben, Zuständigkeiten und Entscheidungswege sind dabei durch formale Strukturen, rechtliche Bindungen und politische Steuerung geprägt (Breyer-Mayländer et al., 2025, S. 4). Zugleich werden kommunale Aufgaben heute vielfach auch durch Ausgründungen und Beteiligungsgesellschaften, etwa im Stadtmarketing, in der Wirtschaftsförderung oder im Kulturbereich, wahrgenommen (ebd.). Für dieses Buch ist jedoch maßgeblich, dass Kommunalverwaltungsmarketing als Funktion innerhalb der kommunalen Verwaltungsorganisation verstanden wird und zwar unabhängig von der operativen Leistungserbringung.

In der Literatur finden sich unterschiedliche Verständnisse von Verwaltungsmarketing, etwa als bürgerorientierte Verwaltungsführung oder als Ausprägung des Non-Profit-Marketings mit besonderer Bedeutung kollektiver Bedürfnisse (vgl. Proeller & Krause, 2018). Effing fasst die Überschneidungen einiger Definitionen zusammen wie folgt: Bedürfnisorientierte Kommunikation und Information sämtlicher Anspruchsgruppen der Kommunalverwaltung mit bedarfssteuernder Funktion (Effing, 2025, S. 25). Diese Ansätze bleiben jedoch hinsichtlich der organisatorischen Ausgestaltung von Verwaltungsmarketing vergleichsweise vage.

Eine explizit organisationsbezogene Perspektive nimmt die KGSt ein. Sie versteht Verwaltungsmarketing als „Marketing, bezogen auf die Dienstleistungen/Produkte der Fachbereiche" (Kommunale Gemeinschaftsstelle für Verwaltungsvereinfachung, 2004, S. 14). Verwaltungsmarketing ist damit unmittelbar an die Leistungserstellung der Fachbereiche angebunden und kein eigenständiger Aufgabenbereich neben der Fachverwaltung.

Daraus folgt, dass Kommunalverwaltungsmarketing keine isolierte Organisationseinheit und kein nachgelagerter Kommunikationsservice ist. Es bezieht sich auf die Leistungen der Fachbereiche sowie deren bedarfs- und nutzerorientierte Ausrichtung und koordinierte Kommunikation nach innen und außen. Organisatorisch ergibt sich daraus eine Querschnittsfunktion (vgl. hierzu auch Pleil & Zerfaß, 2014, S. 742).

Zum Kommunalverwaltungsmarketing zählen insbesondere die Ausrichtung der Verwaltungsleistungen an den Bedarfen der Anspruchsgruppen, die Koordination kommunikativer Prozesse, die Sicherstellung einer konsistenten und rechtlich abgesicherten Außendarstellung sowie die Unterstützung der Fachbereiche bei der verständlichen Kommunikation ihrer Leistungen. Dabei ist zu berücksichtigen, dass Bürger*innen nicht lediglich als Kund*innen auftreten, sondern Teil lokaler Demokratie und politischer Entscheidungsprozesse sind (Effing, 2025, S. 37 ff.). Kommunalverwaltungsmarketing richtet sich folglich primär an kollektive Anspruchsgruppen – insbesondere an Bürgerschaft und Politik – und nicht an individuell segmentierte Zielgruppen (ebd.).

Für organisatorische Entscheidungen ist die Abgrenzung zu anderen Marketing- und Kommunikationsfeldern zentral. Nicht zum Kern des Kommunalverwaltungsmarketings gehören Aufgaben mit primärem Wettbewerbs- und Attraktivitätsfokus, etwa Standort-, Tourismus-, City-, Kultur-, Event-, Regional- oder Quartiersmarketing. Diese Bereiche richten sich vor allem an externe Zielgruppen und sind organisatorisch häufig dem Stadtmarketing zugeordnet oder in eigenständigen Organisationen gebündelt (CIMA Beratung + Management GmbH, 2023; Effing, 2025, S. 21 f.). Ebenfalls nicht zum organisatorischen Kern zählen operative Kommunikationsinstrumente wie Websites, Social-Media-Kanäle oder Presseverteiler.

Marketing- und kommunikationsnahe Aufgaben werden in vielen Kommunen ganz oder teilweise durch Beteiligungen oder Gesellschaften wahrgenommen, insbesondere im Bereich Stadtmarketing und Wirtschaftsförderung (Effing, 2025, S. 22 f.). Auch in diesen Konstellationen verbleibt die Verantwortung für die inhaltliche Ausrichtung, rechtliche Absicherung und politische Anschlussfähigkeit in der Kernverwaltung. Kommunalverwaltungsmarketing muss daher nicht alle Leistungen selbst erbringen, wohl aber organisationsübergreifend koordinieren und verbindliche Leitplanken setzen.

▶ **Definition des Kommunalverwaltungsmarketings aus der organisatorischen Perspektive** Kommunalverwaltungsmarketing bezeichnet eine organisationsübergreifende Querschnittsfunktion der kommunalen Verwaltung, die die Leistungen der Fachbereiche bedarfsorientiert ausrichtet, deren Kommunikation koordiniert und eine verständliche sowie nachvollziehbare Darstellung kommunalen Handelns gegenüber Bürgerschaft und Politik unterstützt. Marketingfelder mit primärem Wettbewerbs- und Imagefokus sind davon organisatorisch und funktional abzugrenzen.

2.4　Warum die Reduktion auf Kanäle und Maßnahmen zu kurz greift

In vielen Kommunen wird Verwaltungsmarketing vor allem über seine sichtbaren Ausprägungen wahrgenommen, wie z. B. über Pressearbeit, Online-Angebote, Kampagnen oder Beteiligungsformate. Diese Instrumente prägen sowohl das äußere Bild als auch das interne Verständnis dessen, was Verwaltungsmarketing ist. Der Blick richtet sich damit vor allem auf operative Fragen nach Formaten, Maßnahmen und Kanälen.

Diese Perspektive greift zu kurz. Sie verengt Verwaltungsmarketing auf seine Instrumente und blendet die organisatorischen Voraussetzungen aus, unter denen Kommunikation in Kommunalverwaltungen wirksam werden kann. Kanäle und Maßnahmen sind Ergebnisse organisatorischer Entscheidungen und nicht deren Ersatz.

Kommunikation ist in der Kommunalverwaltung stets in fachliche Zuständigkeiten, rechtliche Vorgaben und politische Verantwortung eingebettet. Verwaltungsmarketing ist daher weniger eine technische Umsetzungsaufgabe als eine koordinierende und vermittelnde Funktion innerhalb der Organisation. Eine instrumentenorientierte Sicht verdeckt zentrale organisatorische Grundfragen, etwa wer Themen priorisiert, wer kommunikative Zielsetzungen festlegt und wie Rückmeldungen aus Öffentlichkeit und Beteiligung in die Organisation zurückgeführt werden. Bleiben diese Fragen unbeantwortet, entsteht zwar Aktivität, aber nur begrenzte strategische Wirkung.

Gerade in kleinen und mittleren Kommunen zeigt sich dieses Spannungsfeld besonders deutlich. Neue Formate oder Maßnahmen werden häufig mit großem Engagement eingeführt, ohne dass sich Zuständigkeiten, Entscheidungswege oder Ressourcen verändern. Verwaltungsmarketing wird dadurch als Zusatzaufgabe stabilisiert und nicht als organisational verankerte Querschnittsfunktion.

Beispiel: Neues Kommunikationsformat – alte Strukturen

Eine Kommune startet einen neuen Social-Media-Kanal, um Bürger*innen stärker zu erreichen. Inhalte werden jedoch weiterhin ausschließlich von einzelnen Fachbereichen zugeliefert. Ohne klare Zuständigkeiten oder Abstimmungsroutinen entstehen unregelmäßige Beiträge und widersprüchliche Botschaften. ◄

Hinzu kommt eine implizite Verschiebung von Verantwortung. Wird Verwaltungsmarketing vor allem als operative Umsetzung verstanden, verbleiben inhaltliche und strategische Entscheidungen im Unklaren oder werden auf die umsetzenden Personen verlagert. In der Kommunalverwaltung ist Kommunikation jedoch eng mit politischer Verantwortung, rechtlicher Bindung und öffentlicher Legitimation verbunden und kann nur im Zusammenspiel von Fachbereichen und Führung verantwortet werden.

Eine reine Instrumentenlogik verstellt zudem den Blick auf die eigentliche Funktion des Verwaltungsmarketings. Diese besteht nicht primär darin, Aufmerksamkeit zu erzeugen, sondern Verwaltungsleistungen, Entscheidungen und Prozesse für Anspruchsgruppen verständlich und anschlussfähig zu machen. Diese Wirkung setzt voraus, dass Verwaltungsmarketing frühzeitig in Vorhaben eingebunden ist und in strategische Abstimmungen einbezogen wird.

Die zentrale Grenze einer kanäle- und maßnahmenorientierten Sichtweise liegt darin, dass Verwaltungsmarketing als Kommunikationsaufgabe verstanden wird und eher nicht als Organisationsaufgabe. Wirksam wird es erst dort, wo Rollen geklärt, Zuständigkeiten akzeptiert und Entscheidungswege transparent sind.

2.5 Ziel und Anspruch des Buches: Orientierung für organisationale Entscheidungen statt Patentrezepte

Dieses Buch richtet den Blick also entsprechend nicht auf einzelne Kommunikationsinstrumente oder Maßnahmen, sondern auf die organisatorischen Voraussetzungen wirksamen Kommunalverwaltungsmarketings. Ausgangspunkt ist die Beobachtung, dass Verwaltungsmarketing in vielen Kommunen zwar an Bedeutung gewinnt, jedoch häufig fragmentiert organisiert, auf operative Aktivitäten verengt oder als Nebenaufgabe geführt wird.

Ziel dieses Buches ist es daher, keine idealtypische Organisationslösung und keine übertragbaren Blaupausen zu liefern. Im Mittelpunkt stehen vielmehr typische Organisationsmodelle, verbreitete Fehlannahmen sowie bewährte Entscheidungslogiken, die Kommunen dabei unterstützen können, Verwaltungsmarketing unter ihren jeweiligen Rahmenbedingungen realistisch und anschlussfähig zu organisieren.

Der Anspruch des Buches besteht darin, Führungskräften und Verantwortlichen in Kommunen eine praxisnahe Orientierung für organisationale Entscheidungen zu geben, insbesondere in Bezug auf Strukturen, Rollen, Führung, Kultur und Arbeitsweisen des Kommunalverwaltungsmarketings. Damit versteht sich das Buch als Reflexions- und Entscheidungshilfe, nicht als Anleitung zur unmittelbaren Umsetzung einzelner Maßnahmen.

Um den Gegenstand des Buches zu schärfen, ist an dieser Stelle eine inhaltliche Abgrenzung notwendig. In der Marketingtheorie wird Marketing regelmäßig als Zusammenspiel mehrerer Gestaltungsdimensionen verstanden, die häufig im Rahmen der sogenannten „7 Ps-Marketing-Mix" (Product, Price, Place, Promotion, People, Process, Physical Evidence) beschrieben werden. Auch Kommunalverwaltungsmarketing ist in diesem umfassenden Sinne grundsätzlich mehr als Kommunikation.

Dieses Buch fokussiert jedoch bewusst die kommunikative Dimension des Verwaltungsmarketings (= „Promotion" im Sinne der Kommunikationspolitik im Marketing-Mix). Nicht, weil die übrigen Gestaltungsbereiche unbedeutend wären, sondern weil sich gerade hier besondere organisationale, kulturelle und strukturelle Herausforderungen zeigen. Die Betrachtung von Kommunikation erfolgt daher stets im Zusammenhang mit den strategischen und organisatorischen Entscheidungen der Verwaltung insgesamt.

Organisationsmodelle und institutionelle Verankerung

3

Wie in Kap. 2 beschrieben, ist Kommunalverwaltungsmarketing eine organisations-übergreifende Querschnittsfunktion der kommunalen Verwaltung. Daraus ergibt sich die Frage, wie diese Funktion organisatorisch verankert werden kann. Sie verbindet fachliche Inhalte, verwaltungspolitische Entscheidungsprozesse und öffentliche Kommunikation und lässt sich daher nicht vollständig in klassische Linienstrukturen einordnen. Gleichzeitig benötigt sie eine organisatorische Verankerung, um Verantwortlichkeiten und Abstimmungswege innerhalb der Verwaltung zu klären.

3.1 Typische Organisationsmodelle in der kommunalen Praxis

In der kommunalen Praxis lassen sich unterschiedliche Formen der organisatorischen Verankerung von Kommunalverwaltungsmarketing beobachten. Ein verbreitetes Grundmodell ist die Einbindung in die Linienorganisation der Verwaltung, etwa innerhalb eines Fachbereichs, einer Organisationseinheit für Presse- und Öffentlichkeitsarbeit oder im Büro der Verwaltungsleitung. Linienorganisationen sind durch klare Hierarchien sowie eindeutig definierte Entscheidungs- und Berichtslinien gekennzeichnet; Zuständigkeiten und Verantwortlichkeiten folgen dem Instanzenweg (Hungenberg & Wulf, 2021, S. 199).

Eine weitere häufig anzutreffende Organisationsform ist das Stabsstellenmodell. In diesem Fall wird Kommunalverwaltungsmarketing unmittelbar der Verwaltungsleitung zugeordnet. Stabsstellen verfügen in der Regel über keine Weisungsbefugnis gegenüber den Fachbereichen, übernehmen jedoch beratende, ko-

© Der/die Autor(en), exklusiv lizenziert an Springer Fachmedien Wiesbaden GmbH, ein Teil von Springer Nature 2026
M. Effing, K. Effing, *Organisation des Kommunalverwaltungsmarketings*, essentials, https://doi.org/10.1007/978-3-658-52039-7_3

ordinierende und strategisch vorbereitende Funktionen (Hungenberg & Wulf, 2021, S. 213 ff.).

Neben diesen beiden Grundformen finden sich in vielen Kommunen hybride Organisationsansätze. Diese kombinieren zentrale Koordinationsfunktionen mit dezentralen Kommunikationsanteilen in den Fachbereichen. Kommunalverwaltungsmarketing entsteht dabei im Zusammenspiel mehrerer Rollen und Organisationseinheiten.

Ein Beispiel für die praktische Ausprägung solcher Strukturen ist die Einbindung von Kommunikation in fachliche Projekte.

> **Beispiel: zu späte Einbindung der Kommunikationsstelle**
>
> Ein Fachbereich bereitet über mehrere Monate die Umgestaltung eines zentralen Platzes vor. Varianten werden intern abgestimmt, politische Beratungen stehen bevor. Erst kurz vor der öffentlichen Vorstellung wird die Kommunikationsstelle eingebunden. Zu diesem Zeitpunkt sind zentrale Fragen der Bürger*innen bereits absehbar, lassen sich jedoch kaum noch in die Projektplanung integrieren. ◄

Unabhängig vom jeweiligen Organisationsmodell zeigt sich ein übergreifender Entwicklungstrend: Kommunikations- und Informationsprozesse verlaufen zunehmend direkt zwischen den beteiligten Organisationseinheiten. Während klassische Verwaltungsorganisationen Kommunikation entlang des Instanzenwegs vorsehen, arbeiten Verwaltungen verstärkt kollaborativ und projektorientiert. Die von Fayol (1949) beschriebene „Fayolsche Brücke", also die direkte Abstimmung zwischen Organisationseinheiten gleicher Hierarchiestufe, ist in vielen Verwaltungen inzwischen eher die Regel als die Ausnahme.

3.2   Gestaltungslogiken organisationaler Verankerung

Die dargestellten Organisationsmodelle unterscheiden sich weniger in ihrer formalen Struktur als in den jeweiligen Steuerungslogiken, die sie ermöglichen. Im Kern lassen sich dabei zwei zentrale Spannungsfelder erkennen: das Verhältnis von strategischer Steuerung und fachlicher Nähe sowie die Balance zwischen klaren Zuständigkeiten und organisationsübergreifender Koordination.

Linienorganisationen betonen insbesondere formale Zuständigkeiten, klare Verantwortlichkeiten und stabile Entscheidungswege. Diese Eigenschaften entsprechen der grundlegenden Logik öffentlicher Verwaltung, die auf Nachvollziehbarkeit und rechtlicher Absicherung basiert (Hungenberg & Wulf, 2021, S. 199). Gleichzeitig kann diese Struktur dazu führen, dass organisationsübergreifende Perspektiven nicht automatisch entstehen und kommunikative Aspekte erst nachgelagert in fachliche Prozesse einbezogen werden.

Stabsstellenmodelle eröffnen demgegenüber stärkere Möglichkeiten zur strategischen Einordnung und zur Bündelung organisationsübergreifender Themen. Sie können koordinierende Impulse setzen und Entscheidungsprozesse vorbereiten, verfügen jedoch in der Regel nicht über direkte Steuerungsbefugnisse gegenüber den Fachbereichen (Hungenberg & Wulf, 2021, S. 213 ff.). Ihre Wirksamkeit hängt daher in besonderem Maße von der Unterstützung durch die Verwaltungsleitung sowie von informellen Abstimmungsprozessen ab.

Hybride Modelle verbinden zentrale und dezentrale Elemente und versuchen, die jeweiligen Stärken der unterschiedlichen Ansätze zu integrieren. Sie ermöglichen sowohl eine Nähe zu fachlichen Themen als auch eine übergreifende Koordination, erhöhen jedoch zugleich die Anforderungen an Abstimmung und Zusammenarbeit.

Vor diesem Hintergrund greift die häufig diskutierte Gegenüberstellung von zentraler und dezentraler Organisation zu kurz. Kommunalverwaltungsmarketing ist eine organisationsübergreifende Querschnittsfunktion, die sowohl strategische Koordination als auch fachliche Einbindung erfordert. Entscheidend ist daher weniger die Wahl eines bestimmten Organisationsmodells als die bewusste Gestaltung von Rollen, Schnittstellen und Abstimmungsprozessen innerhalb der Verwaltung.

Erfolgreiche organisatorische Lösungen kombinieren zentrale und dezentrale Elemente und schaffen Strukturen, die sowohl Orientierung bieten als auch organisationsübergreifende Zusammenarbeit ermöglichen.

3.3 Anschlussfähigkeit und Grenzen

Die organisatorische Verankerung von Kommunalverwaltungsmarketing muss sich an den Steuerungslogiken kommunaler Organisationen orientieren. Kommunale Entscheidungsprozesse bewegen sich im Spannungsfeld zwischen Fachverwaltung, politischer Steuerung, Verwaltungsleitung und Öffentlichkeit. Kommunalverwaltungsmarketing kann seine Wirkung nur entfalten, wenn es an diese unterschiedlichen Logiken anschlussfähig ist.

Für Fachbereiche bedeutet dies, dass kommunikative Aspekte frühzeitig in fachliche Vorhaben einbezogen werden. Kommunikation kann nur dann erklären und einordnen, wenn sie Planungen, Entscheidungsalternativen und Zielkonflikte kennt. Für die Verwaltungsleitung besitzt Kommunalverwaltungsmarketing zugleich eine strategische Funktion: Es unterstützt Priorisierung, Einordnung und Abstimmung von Themen und trägt dazu bei, Kommunikation als Bestandteil organisationaler Steuerung zu verstehen.

In der kommunalen Praxis bestehen jedoch mehrere verbreitete Fehlannahmen über die organisatorische Verortung von Kommunalverwaltungsmarketing. Häufig wird diese Funktion automatisch dem Bereich Öffentlichkeitsarbeit zugeordnet. Eine solche Perspektive verengt den Blick auf operative Kommunikationsmaßnahmen. Hinzu kommt eine verbreitete begriffliche Fehlinterpretation des Begriffs Marketing, der oft mit Werbung, Kampagnen oder Imagekommunikation verbunden wird. Kommunalverwaltungsmarketing zielt jedoch primär auf die verständliche Vermittlung kommunaler Leistungen, Entscheidungen und Verfahren.

Zugleich zeigt sich, dass selbst eine klare organisatorische Struktur noch keine Wirksamkeit garantiert. Entscheidend bleibt das Zusammenspiel von Fachbereichen, Führung und Kommunikationsfunktionen sowie eine organisationsweit geteilte Kommunikationskultur. Strukturen schaffen Orientierung, Zuständigkeiten und Entscheidungswege. Ob Kommunikation tatsächlich organisationsübergreifend funktioniert, hängt jedoch davon ab, wie diese Strukturen in der Praxis gelebt werden. Kooperation zwischen Fachbereichen, Vertrauen zwischen Organisationseinheiten und eine gemeinsame Verantwortung für Kommunikation sind zentrale Voraussetzungen dafür, dass Kommunalverwaltungsmarketing seine verbindende Rolle zwischen Verwaltung, Politik und Öffentlichkeit erfüllen kann.

Organisatorische Lösungen müssen dabei stets an Größe, Ressourcen und Verwaltungskultur einer Kommune angepasst sein. Kleine und mittlere Kommunen arbeiten häufig mit sehr schlanken Strukturen, in denen kommunikative Aufgaben auf wenige Personen verteilt sind. Größere Kommunen verfügen dagegen häufiger über spezialisierte Organisationseinheiten, stehen jedoch vor der Herausforderung, die Zusammenarbeit zwischen vielen Beteiligten zu koordinieren (vgl. Effing, 2025, S. 188 ff.).

Damit wird deutlich: Organisationsmodelle sind ein wichtiger Ausgangspunkt für die institutionelle Verankerung von Kommunalverwaltungsmarketing, sie bestimmen jedoch nicht allein seine Wirksamkeit. Entscheidend ist, dass Kommunikation frühzeitig Teil organisatorischer Entscheidungsprozesse wird.

3.4 Gestaltungsprinzipien für die organisatorische Verankerung von Kommunalverwaltungsmarketing

Die vorangegangenen Abschnitte haben gezeigt, dass es kein universell passendes Organisationsmodell für Kommunalverwaltungsmarketing gibt. Unterschiedliche kommunale Rahmenbedingungen, Verwaltungsgrößen und politische Konstellationen führen zu unterschiedlichen organisatorischen Lösungen. Dennoch lassen sich einige grundlegende Gestaltungsprinzipien formulieren, die eine wirksame Verankerung von Kommunalverwaltungsmarketing in der Verwaltung unterstützen können.

a. Strategische Nähe zur Verwaltungsleitung sicherstellen
Kommunalverwaltungsmarketing entfaltet seine Wirkung besonders dann, wenn es an strategische Entscheidungsprozesse angebunden ist. Eine organisatorische Nähe zur Verwaltungsleitung erleichtert es, Themen frühzeitig zu erkennen, Prioritäten einzuordnen und organisationsübergreifende Abstimmungen anzustoßen. Gleichzeitig signalisiert eine solche Verankerung, dass Kommunikation nicht nur als operative Aufgabe, sondern als Bestandteil organisationaler Steuerung verstanden wird.

b. Fachliche Anschlussfähigkeit an die Fachbereiche gewährleisten
Kommunalverwaltungsmarketing bezieht sich auf die Leistungen der Fachbereiche und kann nur dann wirksam arbeiten, wenn es Zugang zu fachlichen Themen, Planungen und Entscheidungsprozessen hat. Entscheidend ist daher eine enge Zusammenarbeit mit den Fachämtern. Kommunikationsaspekte sollten bereits bei der Entwicklung von Projekten und Maßnahmen berücksichtigt werden, nicht erst bei deren abschließender Darstellung.

c. Zentrale Koordination mit dezentraler Verantwortung verbinden
Weder rein zentrale noch vollständig dezentrale Organisationsformen können den Anforderungen von Kommunalverwaltungsmarketing allein gerecht werden. Erfolgreiche Strukturen kombinieren zentrale Koordination – etwa für strategische Ausrichtung, Abstimmung und Qualitätssicherung – mit dezentraler Verantwortung in den Fachbereichen, in denen die fachliche Expertise und Themenkenntnis liegen.

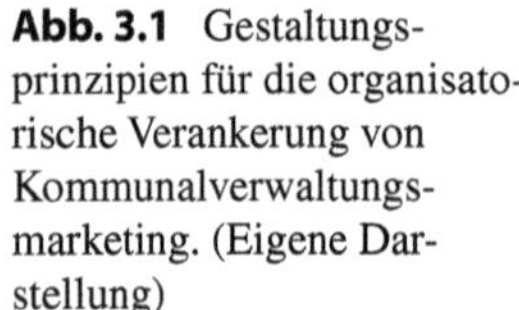

Abb. 3.1 Gestaltungsprinzipien für die organisatorische Verankerung von Kommunalverwaltungsmarketing. (Eigene Darstellung)

d. Klare Rollen und Zuständigkeiten definieren

Kommunalverwaltungsmarketing ist eine Querschnittsfunktion, an der unterschiedliche Rollen beteiligt sind. Dazu zählen insbesondere strategische Steuerung durch Führung, koordinierende Funktionen, operative Kommunikationsarbeit sowie fachliche Verantwortung in den Fachbereichen. Eine klare Rollenverteilung erleichtert Abstimmung, reduziert Reibungsverluste und stärkt die gemeinsame Verantwortung für Kommunikation.

e. Kommunikation frühzeitig in Entscheidungsprozesse einbinden

Kommunikation kann Sachverhalte nur dann verständlich vermitteln und einordnen, wenn sie frühzeitig in Vorhaben eingebunden ist. Wird sie erst am Ende eines Projekts beteiligt, reduziert sich ihre Rolle auf die operative Aufbereitung bereits getroffener Entscheidungen. Eine wirksame organisatorische Verankerung bedeutet daher, Kommunikationsaspekte bereits in der Planungs- und Konzeptionsphase von Projekten mitzudenken.

Diese Gestaltungsprinzipien (vgl. Abb. 3.1) zeigen, dass die Wirksamkeit von Kommunalverwaltungsmarketing weniger von einem bestimmten Organisationsmodell als von der Qualität der Zusammenarbeit innerhalb der Verwaltung abhängt. Strukturen schaffen Orientierung und Zuständigkeiten. Ob Kommunalverwaltungsmarketing seine verbindende Rolle zwischen Fachverwaltung, Verwaltungsleitung, Politik und Öffentlichkeit tatsächlich erfüllen kann, entscheidet sich jedoch vor allem daran, wie diese Strukturen im organisatorischen Alltag gelebt werden.

Kultur und Haltung als organisatyionale Voraussetzung

4

Kommunalverwaltungsmarketing ist nicht allein eine Frage von Strukturen, Zuständigkeiten oder organisatorischen Modellen. Ob kommunikative Aufgaben wirksam wahrgenommen werden können, hängt in erheblichem Maße von den kulturellen Prägungen der Organisation ab. Einstellungen zu Öffentlichkeit, Transparenz, Fehlern, Kritik und Verantwortung beeinflussen, wie Kommunikation verstanden, bewertet und praktiziert wird. Gerade im kommunalen Kontext treffen dabei unterschiedliche Erwartungshorizonte aufeinander: eine rechtlich geprägte Verwaltungskultur auf der einen Seite und wachsende gesellschaftliche Erwartungen an Dialog, Verständlichkeit und Beteiligung auf der anderen.

Dieses Kapitel nimmt daher bewusst die kulturellen Voraussetzungen von Kommunalverwaltungsmarketing in den Blick. Es geht nicht um individuelle Haltungen einzelner Mitarbeitender, sondern um kollektive Muster, Routinen und Selbstverständnisse, die das kommunikative Handeln der Organisation prägen. Ausgangspunkt ist die Frage, warum klassische Verwaltungskultur im Kontext von Kommunalverwaltungsmarketing an strukturelle Grenzen stößt. Diese Kultur wird grundsätzlich dabei nicht in Frage gestellt.

4.1 Warum klassische Verwaltungskultur im Kommunalverwaltungsmarketing an Grenzen stößt

Wie in Kap. 1 dargelegt, wird Kommunalverwaltungsmarketing in diesem Buch bewusst auf seine kommunikative Dimension (= Promotion) fokussiert, bei gleichzeitiger Anbindung an die strategische Ausrichtung der Verwaltungsleistungen

M. Effing, K. Effing, *Organisation des Kommunalverwaltungsmarketings*, essentials, https://doi.org/10.1007/978-3-658-52039-7_4

insgesamt. Diese Eingrenzung ermöglicht es, die organisatorischen und kulturellen Herausforderungen kommunaler Kommunikation gezielt in den Blick zu nehmen.

Kommunalverwaltungen sind ihrem Selbstverständnis nach in erster Linie Rechtsumsetzungsorganisationen. Zentrale Aufgabe ist es, gesetzliche Vorgaben korrekt, gleichbehandelnd und rechtssicher anzuwenden sowie politische Beschlüsse umzusetzen. Arbeitsweisen, Entscheidungsprozesse und Rollenbilder sind entsprechend stark durch formalisierte Verfahren, hierarchische Zuständigkeiten und eine ausgeprägte Verfahrensorientierung geprägt (vgl. Bogumil & Jann, 2020, S. 173–179).

Diese Orientierung an Rechtssicherheit, Nachvollziehbarkeit und formaler Verantwortung ist ein grundlegendes Merkmal öffentlicher Organisationen und bildet eine wesentliche Grundlage ihrer Legitimation (vgl. Kuhlmann & Wollmann, 2013).

Kommunalverwaltungsmarketing bewegt sich in diesem Kontext in einem besonderen Spannungsfeld. Es gehört nicht zum klassischen Aufgabenkanon der Verwaltung und ist in vielen Kommunen organisatorisch noch vergleichsweise jung bzw. wenig praktiziert. Für einen großen Teil der Beschäftigten ist Kommunikation mit Öffentlichkeit, Medien oder digitalen Zielgruppen kein selbstverständlicher Bestandteil der täglichen Arbeit. Kommunalverwaltungsmarketing erscheint damit häufig als ergänzende Funktion und nicht als integraler Bestandteil kommunaler Leistungserbringung.

> **Beispiel: Wer kommuniziert wann und was?**
>
> In einer Ausschusssitzung wird über ein Infrastrukturprojekt beraten. Mehrere Varianten stehen noch zur Diskussion. Innerhalb der Verwaltung besteht Unsicherheit, ob bereits öffentlich darüber gesprochen werden sollte, da noch keine abschließende Entscheidung vorliegt. Gleichzeitig entstehen in sozialen Medien erste Spekulationen über das Projekt. ◄

Hinzu kommt, dass kommunikative Aufgaben lange vor allem mit formalen Informationspflichten verbunden waren, etwa mit amtlichen Bekanntmachungen oder gesetzlich vorgeschriebenen Veröffentlichungen. Presseinformationen und ähnliche Formate der Öffentlichkeitsarbeit ergänzten diese Informationspraxis. Die Vorstellung, Kommunikation strategisch zu planen und dialogisch auszurichten, ist demgegenüber vergleichsweise neu. In der Praxis wird wie bereits erwähnt Verwaltungsmarketing daher nicht selten mit Öffentlichkeitsarbeit im engeren Sinne oder mit werblichen Maßnahmen assoziiert. Solche Verkürzungen sind weniger Ausdruck fehlenden Verständnisses als vielmehr ein Spiegel der geringen institutionellen Verankerung kommunikativer Funktionen.

Ein zentrales kulturelles Spannungsfeld ergibt sich aus der unterschiedlichen Logik von Verwaltungshandeln und öffentlicher Kommunikation (vgl. Abb. 4.1).

Abb. 4.1 Spannungsfeld zwischen Verwaltungslogik und Öffentlichkeitslogik. (Eigene Darstellung)

Während Verwaltungskultur auf Stabilität, Regelkonformität und formale Absicherung ausgerichtet ist, ist kommunale Kommunikation von Dynamik, situativen Entwicklungen und öffentlicher Resonanz geprägt. Themen entstehen häufig entlang politischer Auseinandersetzungen, medialer Aufmerksamkeit oder gesellschaftlicher Debatten. Kommunalverwaltungsmarketing muss in solchen Situationen nicht nur korrekt, sondern auch verständlich und zeitlich angemessen handeln.

Besonders deutlich wird dieser Zielkonflikt im Umgang mit Öffentlichkeit. In vielen Verwaltungen ist Öffentlichkeit traditionell vor allem als Adressatin abgeschlossener oder weitgehend vorbereiteter Entscheidungen konzipiert. Kommunalverwaltungsmarketing ist jedoch zunehmend mit Erwartungen konfrontiert, laufende Prozesse zu erläutern, Entscheidungsalternativen transparent zu machen und Dialog zu ermöglichen. In einer auf Fehlervermeidung ausgerichteten Kultur erscheint kommunikative Zurückhaltung daher häufig als professionelles Verhalten.

Hinzu kommt ein weiteres Spannungsfeld im Rollenverständnis. Fachlichkeit ist in Kommunalverwaltungen hoch spezialisiert und klar abgegrenzt. Kommunalverwaltungsmarketing ist hingegen auf querschnittliche Perspektiven angewiesen. Es verbindet fachliche Inhalte, politische Einordnung und kommunikative Aufbereitung. Diese Übersetzungsleistung ist kulturell nicht eindeutig verankert und lässt sich weder dem klassischen Fachrollenverständnis noch rein hierarchischen Steuerungslogiken zuordnen.

Empirische Befunde deuten darauf hin, dass Kommunalverwaltungsmarketing in vielen Kommunen organisatorisch und kulturell noch nicht als strategische Querschnittsfunktion etabliert ist. Zuständigkeiten bleiben häufig unklar, kommunikative Aufgaben sind stark personenabhängig und primär operativ geprägt (vgl. Effing, 2025).

Klassische Verwaltungskultur stößt im Kommunalverwaltungsmarketing daher nicht an Grenzen, weil sie grundsätzlich ungeeignet wäre. Vielmehr treffen zwei legitime Logiken aufeinander: die Logik rechtssicherer, formalisierter Aufgabenerfüllung und die Logik öffentlicher, dynamischer und dialogischer Kommunikation. Ohne eine bewusste Auseinandersetzung mit diesen Spannungen bleibt Kommunalverwaltungsmarketing leicht eine ergänzende Servicefunktion statt eines selbstverständlichen Bestandteils kommunaler Steuerung und Leistungserbringung.

4.2 Kommunalverwaltungsmarketing als Teil des Verwaltungshandelns – kulturelle Voraussetzungen für organisationale Anschlussfähigkeit

Damit Kommunalverwaltungsmarketing in der Praxis wirksam werden kann, reicht es nicht aus, Stellen, Zuständigkeiten oder Kommunikationskonzepte zu schaffen. Entscheidend ist, ob sich in der Organisation ein gemeinsames Verständnis entwickelt, dass Kommunikation kein nachgelagerter Zusatz, sondern Bestandteil fachlichen Verwaltungshandelns im Sinne einer Public Governance ist. Erst wenn Kommunikation in Arbeitsroutinen, Projektlogiken und Rollenbildern mitgedacht wird, wird Verwaltungsmarketing kulturell anschlussfähig.

Für Fachbereiche bedeutet dies eine Verschiebung im Selbstverständnis. Fachliche Verantwortung endet nicht bei der rechtlich korrekten Bearbeitung eines Vorgangs, sondern umfasst auch die verständliche Darstellung von Leistungen, Entscheidungen und Prozessen gegenüber unterschiedlichen Anspruchsgruppen. Die inhaltliche Zuarbeit für Kommunikation wird damit Teil fachlicher Aufgabenwahrnehmung. Ohne diese kulturelle Verankerung bleibt Verwaltungsmarketing abhängig von Einzelpersonen und informellen Netzwerken.

Frühzeitige Einbindung kommunikativer Perspektiven ist dabei nicht nur eine organisatorische Frage (vgl. Kap. 3), sondern auch kulturell voraussetzungsvoll. Wie in Abschn. 4.1 beschrieben, entstehen Kommunikationsbedarfe häufig bereits während laufender fachlicher und politischer Prozesse. Eine anschlussfähige Kommunikationskultur vermeidet diese Spannungen nicht, sondern bearbeitet sie im Zusammenspiel von Fachbereichen, Führung und Verwaltungsmarketing.

Führungskräfte spielen dabei eine zentrale Rolle. Sie prägen, ob Kommunikation als legitimer Bestandteil fachlicher Arbeit gilt oder als Risiko wahrgenommen wird. Eine anschlussfähige Kultur entsteht dort, wo Führung Kommunikationsfragen systematisch in Entscheidungsprozesse einbindet und Verantwortung für kommunikative Wirkungen übernimmt, statt sie an spezialisierte Einheiten zu delegieren.

Für die Praxis bedeutet dies, Verwaltungsmarketing nicht als bloßen Dienstleister für Fachbereiche zu positionieren. Erforderlich ist ein gemeinsames Rollenverständnis: Fachbereiche verantworten Inhalte, Führung die politische und strategische Anschlussfähigkeit, Verwaltungsmarketing Koordination, Übersetzung und Konsistenz. Erst dieses Zusammenspiel ermöglicht organisationale Lernprozesse, etwa wenn Rückmeldungen aus Öffentlichkeit oder Beteiligung in fachliche und organisatorische Weiterentwicklungen einfließen.

Eine solche Kultur setzt voraus, dass kommunikative Kompetenz als Organisationsressource anerkannt wird – nicht nur bei spezialisierten Funktionen, sondern auch bei Fach- und Führungskräften. Die Fähigkeit, Sachverhalte verständlich zu erklären, Erwartungen zu moderieren und Konflikte kommunikativ zu begleiten, wird damit Teil professioneller Verwaltungskompetenz. Verwaltungsmarketing kann diese Kompetenz bündeln, sie jedoch nicht ersetzen.

Gerade in kleinen und mittleren Kommunen gewinnt diese Perspektive besondere Bedeutung. Begrenzte Ressourcen erschweren eine klare Arbeitsteilung, sodass kommunikative Verantwortung leicht auf wenige Personen konzentriert wird. Eine anschlussfähige Kultur zielt daher weniger auf zusätzliche Stellen als auf veränderte Routinen der Zusammenarbeit.

Verwaltungsmarketing wird so zu einem Bestandteil des organisationalen Selbstverständnisses. Es ist nicht primär Aufgabe einer Einheit, sondern gemeinsame Verantwortung in fachlichen und politischen Entscheidungsprozessen. Erst wenn diese Haltung verankert ist, kann Kommunikation ihre verbindende Funktion zwischen Fachverwaltung, Führung, Politik und Öffentlichkeit entfalten.

Eine solche Kultur entsteht nicht allein durch Leitbilder oder formale Zuständigkeiten, sondern durch Arbeitsroutinen und Entscheidungsprozesse. In der Praxis bewähren sich dafür einfache organisatorische Verankerungen, etwa Kommunikationsaspekte in Projektaufträgen oder Vorlagen, regelmäßige Abstimmungen zwischen Fachbereichen und Verwaltungsmarketing sowie klare Ansprechpersonen für Kommunikation in den Fachbereichen.

Beispiel: Kommunikation im Projektauftrag

Bei einem größeren Stadtentwicklungsprojekt wird im Projektauftrag ausdrücklich festgelegt, dass Kommunikationsfragen von Beginn an mitgedacht werden. Vertreter*innen des Fachbereichs, der Verwaltungsleitung und der Kommunikationsstelle stimmen regelmäßig zentrale Botschaften und Beteiligungsformate ab. ◄

Diese Beispiele stehen nicht für ein festes Instrumentarium, sondern für die grundlegende Idee, Kommunikationsverantwortung in bestehende Organisationsabläufe zu integrieren und kulturell zu normalisieren.

4.3   Warum Kommunalverwaltungsmarketing keine PR-Kultur braucht

Kommunalverwaltungsmarketing wird in der Praxis nicht selten mit professioneller Öffentlichkeitsarbeit oder klassischer Public Relations gleichgesetzt. Diese Nähe ist auf den ersten Blick plausibel, da beide Felder mit Öffentlichkeit, Medien und kommunikativer Gestaltung befasst sind. Aufbauend auf der in Kap. 2 vorgenommenen Abgrenzung zu klassischen Marketingfeldern ist diese Gleichsetzung jedoch problematisch, da sie den Blick auf die Funktion von Kommunikation in der kommunalen Verwaltung verstellt.

Public Relations sind fachlich vor allem auf die strategische Gestaltung von Reputation, Akzeptanz und organisationaler Positionierung ausgerichtet. Auch dialogorientierte PR-Ansätze bleiben in ihrer Grundlogik auf die kommunikative Steuerung von Wahrnehmung und Beziehungen bezogen (vgl. Grunig & Hunt, 1984, S. 3 ff.). Kommunalverwaltungsmarketing folgt demgegenüber einer anderen Logik. Es zielt nicht primär auf Imagebildung, sondern auf Transparenz, Verständlichkeit und Nachvollziehbarkeit kommunalen Handelns.

Diese Ausrichtung steht in engem Zusammenhang mit dem Leitbild einer Public Governance. Kommunale Verwaltung ist Teil komplexer Steuerungs- und Aushandlungsprozesse zwischen Politik, Verwaltung, Zivilgesellschaft und weiteren Akteuren. Transparenz, Beteiligung, Rechenschaft und Verständigung gewinnen dabei zentrale Bedeutung (vgl. Osborne, 2006, S. 384). Kommunalverwaltungsmarketing leistet damit einen Beitrag zur demokratischen Anschlussfähigkeit kommunaler Entscheidungsprozesse.

Der zentrale Unterschied zur PR liegt in der Rolle von Kommunikation innerhalb der Organisation. In der kommunalen Verwaltung ist Kommunikation eng mit fachlicher Arbeit, politischer Steuerung und rechtlicher Verantwortung verflochten. Kommunalverwaltungsmarketing muss fachliche Inhalte übersetzen, rechtliche Rahmenbedingungen berücksichtigen und politische Entscheidungslogiken mitdenken. Es vermittelt Verwaltungsleistungen, Verfahren und Entscheidungen so, dass sie für unterschiedliche Anspruchsgruppen verständlich und einordnungsfähig werden.

Eine an klassischen PR-Logiken orientierte Kommunikationskultur wird diesem Anspruch nur eingeschränkt gerecht. PR ist häufig darauf ausgerichtet, Themen zu setzen, Narrative zu gestalten und Aufmerksamkeit zu erzeugen. In der kommunalen Verwaltung kann Kommunikation jedoch nicht losgelöst von Entscheidungsprozessen, Zuständigkeiten und politischer Verantwortung erfolgen. Kommunalverwaltungsmarketing kann keine eigenständigen Deutungsangebote entwickeln, ohne zugleich fachliche Korrektheit, politische Neutralität und rechtliche Anschlussfähigkeit sicherzustellen (Effing, 2025; Dunckel, 2020, S. 71 ff.).

Besonders deutlich wird dieser Unterschied im Umgang mit Konflikten und Kritik. Während PR-Kulturen darauf zielen, Reputationsrisiken zu begrenzen, ist kommunale Kommunikation an Transparenz, Auskunftspflichten und demokratische Rechenschaft gebunden. Kommunalverwaltungsmarketing muss Kritik daher in Prozesse der Erklärung, fachlichen Einordnung und gegebenenfalls auch der inhaltlichen Korrektur einbetten. Kommunikation wird so Teil institutioneller Lernprozesse.

Kommunalverwaltungsmarketing ist damit näher an Organisationssteuerung als an kommunikativer Außendarstellung. Es unterstützt Führung und Fachbereiche dabei, Sachverhalte nachvollziehbar zu machen, Zielkonflikte zu benennen und Erwartungen realistisch zu moderieren. Seine Wirkung entsteht weniger durch Kampagnen als durch kontinuierliche Einbindung in fachliche und politische Entscheidungsprozesse sowie durch die Rückkopplung öffentlicher Rückmeldungen in die Organisation.

Für die Praxis bedeutet dies, dass Kommunalverwaltungsmarketing nicht über Reichweiten oder Sichtbarkeit definiert werden sollte (vgl. Effing, 2025, S. 210 ff.). Maßgeblich ist, ob Kommunikation zur Qualität von Entscheidungen, zur Verständlichkeit von Verwaltungsleistungen und zur Legitimation kommunalen Handelns beiträgt. Eine PR-Kultur, die primär auf Außenwirkung zielt, verdeckt leicht diese internen Steuerungs- und Lernfunktionen.

Gerade für kleine und mittlere Kommunen ist diese Unterscheidung bedeutsam. Begrenzte Ressourcen lassen kampagnenorientierte Erwartungen kaum realistisch erscheinen. Umso wichtiger ist der eigentliche Mehrwert kommunaler Kommunikation: die Verbindung von Fachlichkeit, politischer Steuerung und öffentlicher Verständigung.

Kommunalverwaltungsmarketing braucht daher keine PR-Kultur, sondern eine organisationsbezogene Kommunikationskultur im Sinne der zuvor erwähnten Public Governance.

4.4 Kulturelle Muster, die organisationsübergreifende Kommunikation behindern

Auch bei formal geklärten Zuständigkeiten bleibt organisationsübergreifende Kommunikation in Kommunalverwaltungen auf kulturelle Voraussetzungen angewiesen. In der Verwaltungs- und Governanceforschung sind mehrere Muster beschrieben, die organisationsübergreifende Kommunikation erschweren, insbesondere im Zusammenhang mit Risikoaversion, Verantwortungszuschreibung und Koordinationsproblemen (vgl. Hood, 2011; Boerbaitz, 2011; Bovens et al., 2008; Bogumil & Jann, 2020).

Ein zentrales Muster ist eine ausgeprägte Angst- und Absicherungskultur. Verwaltungshandeln ist stark darauf ausgerichtet, individuelle und organisationale Risiken zu vermeiden und Verantwortlichkeiten abzusichern (vgl. Hood, 2011; Boerbaitz, 2011, S. 123 ff.). In der Kommunikation führt dies häufig zu Zurückhaltung und langen Abstimmungsschleifen. Ein wichtiger Impuls besteht darin, kommunikative Entscheidungen klar zu verorten und durch Führung sichtbar abzusichern, sodass verantwortungsvolle Kommunikation nicht als persönliches Risiko erscheint.

Beispiel: Wenn jeder mal darf…

Eine Pressemitteilung zu einem Bauprojekt wird vor Veröffentlichung von mehreren Organisationseinheiten geprüft. Jede Instanz ergänzt Formulierungen zur Absicherung möglicher Kritikpunkte. Am Ende ist der Text zwar rechtlich korrekt, für Außenstehende jedoch schwer verständlich. ◄

Eng damit verbunden ist eine Tendenz zur Vermeidung von Kritik und Konflikten. Öffentliche Rechenschaft und politische Kontrolle erzeugen Routinen, die auf die Minimierung von Reputations- und Legitimationsrisiken zielen (vgl. Bovens et al., 2008, S. 227–228, 236–238). Zielkonflikte zwischen Fachlichkeit, politischer Steuerung und öffentlicher Erwartung werden daher häufig nur begrenzt offen thematisiert. Kulturelle Anschlussfähigkeit entsteht dort, wo Formate etabliert werden, in denen Zielkonflikte und kommunikative Folgen frühzeitig gemeinsam reflektiert werden können, ohne als fachliches Defizit zu gelten.

Ein weiteres hemmendes Muster ist eine stark fachbereichsbezogene Rollenorientierung. Die arbeitsteilige und hoch spezialisierte Struktur kommunaler Organisationen begünstigt Zuständigkeitsdenken und erschwert Koordination über Organisationseinheiten hinweg (vgl. Bogumil & Jann, 2020, S. 179). Organisationsübergreifende Kommunikation wird dadurch häufig als Zusatzaufwand wahrgenommen. Kulturelle Impulse liegen hier vor allem in der klaren Benennung kommunikativer Mitverantwortung in den Fachbereichen sowie in regelmäßigen Austauschformaten zwischen Fachbereichen, Führung und Kommunalverwaltungsmarketing.

Hinzu kommt die starke Orientierung an Regelgebundenheit und formalen Verfahren. Die deutsche Verwaltung ist durch rechtliche Prüfung, Aktenmäßigkeit und dokumentierte Nachvollziehbarkeit geprägt, was der Sicherstellung von Berechenbarkeit und Kontrolle dient (vgl. Bogumil & Jann, 2020, S. 178–179). Diese Absicherungslogik kann jedoch Entscheidungsprozesse verlangsamen. Kommunikation erfolgt daher häufig erst nach Abschluss fachlicher und politischer Prozesse und zwar im Spannungsverhältnis zu wachsenden Erwartungen an Transparenz und Prozesskommunikation. Ein kultureller Perspektivwechsel besteht darin, frühzeitig sachlich einzuordnen, welche Aspekte bereits kommuniziert werden können, ohne Entscheidungsräume vorwegzunehmen.

Für die Praxis bedeutet dies: Organisationsübergreifende Kommunikation wird weniger durch zusätzliche Instrumente als durch veränderte kulturelle Leitplanken gestärkt. Führung, Fachbereiche und Kommunalverwaltungsmarketing müssen akzeptieren, dass Unsicherheit, Zielkonflikte und öffentliche Rückmeldungen strukturelle Bestandteile kommunalen Handelns sind. Eine Kultur, die Lernorientierung, geteilte Kommunikationsverantwortung und begrenzte Offenheit in laufenden Prozessen zulässt, bildet die Voraussetzung dafür, dass Kommunalverwaltungsmarketing seine organisationsverbindende Funktion wirksam entfalten kann.

Hierbei ist zu beachten, dass ein Kulturwandel auf unterschiedlichen Ebenen stattfinden muss (vgl. Abb. 4.2).

Organisationskultur lässt sich verändern, wobei Veränderungen je nach Ebene unterschiedlich lange dauern können (Kommunale Gemeinschaftsstelle für Verwaltungsmanagement, 2020, S. 31).

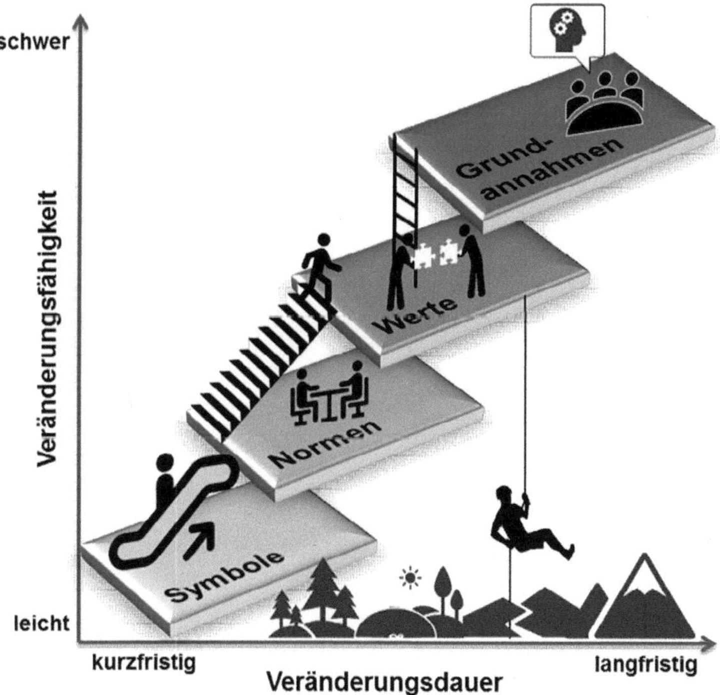

Abb. 4.2 Veränderungsfähigkeit und Veränderungsdauer auf den Kulturebenen. Quelle: Kommunale Gemeinschaftsstelle für Verwaltungsmanagement, 2020, S. 31

Rollen, Mitarbeitende und Kompetenzprofile

5

Kommunalverwaltungsmarketing ist keine abstrakte Organisationsidee, sondern wird durch konkrete Personen, Rollen und Kompetenzen wirksam. Ob es gelingt, die in den vorangegangenen Kapiteln beschriebenen Strukturen und kulturellen Voraussetzungen tatsächlich mit Leben zu füllen, entscheidet sich im Zusammenspiel der Mitarbeitenden. Dabei geht es weniger um einzelne Funktionen als um klar definierte Rollen, geteilte Verantwortlichkeiten und passende Kompetenzprofile.

Gerade weil Kommunalverwaltungsmarketing als Querschnittsaufgabe angelegt ist, kann es nicht isoliert von einer einzelnen Stelle getragen werden. Es entsteht im Zusammenwirken von Fachbereichen, Führung und spezialisierten Kommunikationsfunktionen. Dieses Kapitel richtet den Blick daher auf die personelle Dimension: Welche Rollen sind typischerweise beteiligt? Welche Kompetenzen werden benötigt? Und wie unterscheiden sich Anforderungen je nach Größe und Struktur der Kommune?

5.1 Warum Kommunalverwaltungsmarketing kein Ein-Personen-Thema ist

In vielen Kommunen existiert noch keine explizit als „Kommunalverwaltungsmarketing" bezeichnete Organisationseinheit. Der Begriff taucht in Geschäftsverteilungsplänen oder Stellenbeschreibungen selten auf. Kommunikative Aufgaben

© Der/die Autor(en), exklusiv lizenziert an Springer Fachmedien Wiesbaden GmbH, ein Teil von Springer Nature 2026
M. Effing, K. Effing, *Organisation des Kommunalverwaltungsmarketings*, essentials, https://doi.org/10.1007/978-3-658-52039-7_5

sind wie bereits beschrieben vielmehr in der Presse- und Öffentlichkeitsarbeit, in Stabsstellen, im Bürgermeisterbüro oder in einzelnen Fachbereichen verortet. Kommunalverwaltungsmarketing im hier verstandenen Sinne entsteht daher weniger als formale Stelle, sondern als funktionales Zusammenwirken innerhalb bestehender Strukturen.

Gerade in kleinen und mittleren Kommunen werden diese Aufgaben häufig von einer einzelnen Person oder einer sehr kleinen Einheit wahrgenommen. Pressearbeit, Online-Kommunikation, interne Abstimmung, strategische Einordnung und politische Sensibilität bündeln sich faktisch in wenigen Händen. Diese Konstellation ist nachvollziehbar, stößt jedoch strukturell an Grenzen.

Beispiel: Die One-(Wo)man-Show

In einer mittelkleinen Kommune betreut eine Mitarbeiterin gleichzeitig Presseanfragen, Social-Media-Kanäle und interne Abstimmungen mit den Fachbereichen. Strategische Fragen der Kommunikation entstehen häufig nebenbei im Tagesgeschäft. Fällt die Mitarbeiterin aus, fehlt kurzfristig eine zentrale Koordinationsstelle. ◄

Aus der Logik des Aufgabenfeldes ergibt sich, dass Kommunalverwaltungsmarketing kein Ein-Personen-Thema sein kann. Wie in Kap. 2 gezeigt, verbindet Verwaltungsmarketing fachliche, politische und organisatorische Ebenen. Eine einzelne Person kann moderieren, koordinieren und Impulse setzen, jedoch weder die fachliche Verantwortung der Ämter noch die strategische Verantwortung der Verwaltungsführung ersetzen.

Hinzu kommt die inhaltliche Breite der Anforderungen: Kommunalverwaltungsmarketing umfasst strategische Einordnung, fachliche Übersetzung, rechtliche Sensibilität, Abstimmung mit Führung und Politik, operative Umsetzung sowie die Rückkopplung öffentlicher Resonanz in die Organisation. Werden diese Aufgaben dauerhaft in einer Person konzentriert, entstehen entweder operative Verengung oder strukturelle Überlastung.

Problematisch ist zudem die bereits angedeutete personelle Abhängigkeit. Fällt die betreffende Person aus oder verlässt sie die Organisation, entstehen Brüche in Kommunikation und Koordination. Nachhaltige Verankerung setzt daher auf geteilte Verantwortung und klar definierte Rollen.

Gleichzeitig besteht die Gefahr, dass Kommunikation als „Sonderaufgabe" wahrgenommen wird, wenn sie faktisch auf eine einzelne Person konzentriert ist.

Fachbereiche verstehen Kommunikation dann als nachgelagerte Dienstleistung, während Führung Verantwortung delegiert. Verwaltungsmarketing bleibt isoliert, obwohl es organisationsübergreifend wirken soll.

Dies bedeutet jedoch nicht, dass jede Kommune große Kommunikationsteams benötigt. Entscheidend ist weniger die Zahl der Stellen als die Verteilung der Rollen. Auch wenn es eine zentrale Ansprechperson gibt, müssen Fachbereiche kommunikative Zuarbeit als Teil ihrer Aufgaben verstehen, und Führung muss Kommunikationsfragen als Bestandteil strategischer Steuerung begreifen.

Kommunalverwaltungsmarketing ist damit weniger eine Frage individueller Leistungsfähigkeit als eine Frage der Rollenarchitektur. Es braucht spezialisierte Kompetenz, fachliche Mitverantwortung und strategische Rückendeckung. Erst im Zusammenspiel entstehen Breite und Stabilität.

Die zentrale Konsequenz lautet daher: Kommunalverwaltungsmarketing kann koordiniert und professionalisiert werden, doch es kann nicht dauerhaft auf eine einzelne Person reduziert werden.

5.2 Typische Rollen im Kommunalverwaltungsmarketing

Die Beteiligten im Kommunalverwaltungsmarketing übernehmen unterschiedliche Rollen, die je nach Organisationsgröße, Ressourcenlage und politischem Kontext unterschiedlich stark ausgeprägt sind. Entscheidend ist nicht, dass jede Rolle als eigene Stelle existiert, sondern dass ihre jeweilige Funktion bewusst wahrgenommen und im Zusammenspiel organisiert wird.

Strategische Übersetzer*innen

Strategische Übersetzer*innen verbinden fachliche Inhalte, politische Zielsetzungen und kommunikative Anforderungen. Sie analysieren Vorhaben im Hinblick auf öffentliche Resonanz, identifizieren sensible Schnittstellen und reflektieren frühzeitig Zielkonflikte. Ihre Aufgabe besteht darin, fachliche Logiken, politische Rahmensetzungen und gesellschaftliche Erwartungen in eine kommunizierbare Struktur zu überführen.

Diese Rolle erfordert Überblickswissen, Kontextverständnis und politische Sensibilität. Strategische Übersetzer*innen denken nicht in Kanälen, sondern in

Wirkungen: Was bedeutet dieses Vorhaben für unterschiedliche Anspruchsgruppen? Welche Aspekte sind erklärungsbedürftig? Wo entstehen Missverständnisse, wenn nicht frühzeitig eingeordnet wird? Dadurch tragen sie dazu bei, dass Kommunikation nicht erst am Ende eines Projekts ansetzt, sondern Teil der Steuerungslogik wird.

Koordinator*innen

Koordinator*innen sichern Kohärenz. Sie strukturieren Abstimmungsprozesse zwischen Fachbereichen, Verwaltungsführung, politischen Akteuren und – sofern vorhanden – ausgegründeten Organisationen. Gerade in arbeitsteiligen Verwaltungen entsteht ohne koordinierende Rolle schnell ein Nebeneinander unterschiedlicher Deutungen und Prioritäten.

Zur Koordination gehört auch die Einbindung politischer Gremien. Stadtrat und Ausschüsse sind keine nachgelagerten Adressaten von Kommunikation, sondern eigenständige Akteure öffentlicher Meinungsbildung. Kohärenz bedeutet hier nicht inhaltliche Gleichförmigkeit, denn politische Diskussion und Kontroverse sind legitimer Bestandteil demokratischer Prozesse. Entscheidend ist vielmehr Transparenz über Rollen: Verwaltung kommuniziert fachlich fundiert und neutral, Politik diskutiert, bewertet und entscheidet. Kommunalverwaltungsmarketing unterstützt diese Differenzierung und sorgt dafür, dass Verwaltungskommunikation nicht unbeabsichtigt politisiert oder parteipolitisch vereinnahmt wird.

Auch Stakeholder außerhalb der formalen politischen Struktur, etwa Verbände, Initiativen, lokale Unternehmen oder zivilgesellschaftliche Gruppen, sind Teil dieser Koordinationsaufgabe. Stakeholderkommunikation ist kein eigenständiges Marketingfeld, sondern Ausdruck der organisationsübergreifenden Verantwortung, relevante Anspruchsgruppen frühzeitig zu berücksichtigen und ihre Perspektiven in Entscheidungsprozesse einzubeziehen.

Umsetzer*innen

Umsetzer*innen verantworten die operative Umsetzung: Pressearbeit, digitale Kommunikation, Beteiligungsformate, Veranstaltungsbegleitung oder interne Informationsprozesse. Sie sorgen dafür, dass strategische Überlegungen sichtbar und verständlich werden. Ihre Arbeit ist entscheidend für die öffentliche Wahrnehmung der Verwaltung.

Gleichzeitig darf operative Kompetenz nicht mit dem gesamten Kommunalverwaltungsmarketing gleichgesetzt werden. Ohne strategische Einordnung und organisatorische Abstimmung droht Umsetzung zur reinen Ereignisbewältigung zu werden. Umsetzer*innen sind deshalb auf klare Zielsetzungen, abgestimmte Prioritäten und rechtzeitige Einbindung angewiesen.

Rechtlich sensible Mitdenker*innen

Kommunale Kommunikation bewegt sich im Spannungsfeld von Neutralität, Datenschutz, Gleichbehandlung und politischer Verantwortung. Rechtlich sensible Mitdenker*innen achten darauf, dass kommunikative Inhalte fachlich korrekt, rechtlich zulässig und institutionell anschlussfähig bleiben. Diese Rolle ist keine reine Kontrollinstanz, sondern integraler Bestandteil konzeptioneller Abstimmung. Sie hilft, Kommunikationsspielräume realistisch einzuschätzen und unnötige Selbstbeschränkung zu vermeiden.

Die beschriebenen Rollen betreffen primär die funktionale Ausgestaltung des Kommunalverwaltungsmarketings. Darüber hinaus ist kommunikative Verantwortung jedoch nicht auf spezialisierte Funktionen beschränkt.

Führungskräfte entscheiden maßgeblich darüber, ob Kommunikation als strategischer Bestandteil von Steuerung verstanden oder als nachgelagerte Serviceleistung behandelt wird. Bürgermeister*innen bzw. Hauptverwaltungsbeamt*innen nehmen dabei eine besondere Position ein: Sie stehen öffentlich für Verwaltung und Politik zugleich und prägen Stil, Offenheit und Umgang mit Öffentlichkeit (vgl. z. B. Breyer-Mayländer & Effing, 2024, S. 11 f.).

Auch Mitarbeitende tragen Mitverantwortung. Sie liefern nicht nur Inhalte zu, sondern entscheiden durch ihre Einordnung und Offenheit darüber, wie erklärungsfähig Verwaltungshandeln wird. Kommunalverwaltungsmarketing entfaltet seine Wirkung erst dann voll, wenn kommunikative Sensibilität als Bestandteil professioneller Aufgabenwahrnehmung verstanden wird (ebd., S. 13 ff.).

Kommunalverwaltungsmarketing ist somit nicht auf eine einzelne Rolle innerhalb der Organisation beschränkt, sondern entsteht im Zusammenspiel unterschiedlicher Funktionen. Erst wenn strategische, koordinierende, operative und rechtlich reflektierende Perspektiven miteinander verbunden werden und Führung sowie Fachbereiche ihre Mitverantwortung annehmen, entsteht eine tragfähige Rollenarchitektur (vgl. Abb. 5.1).

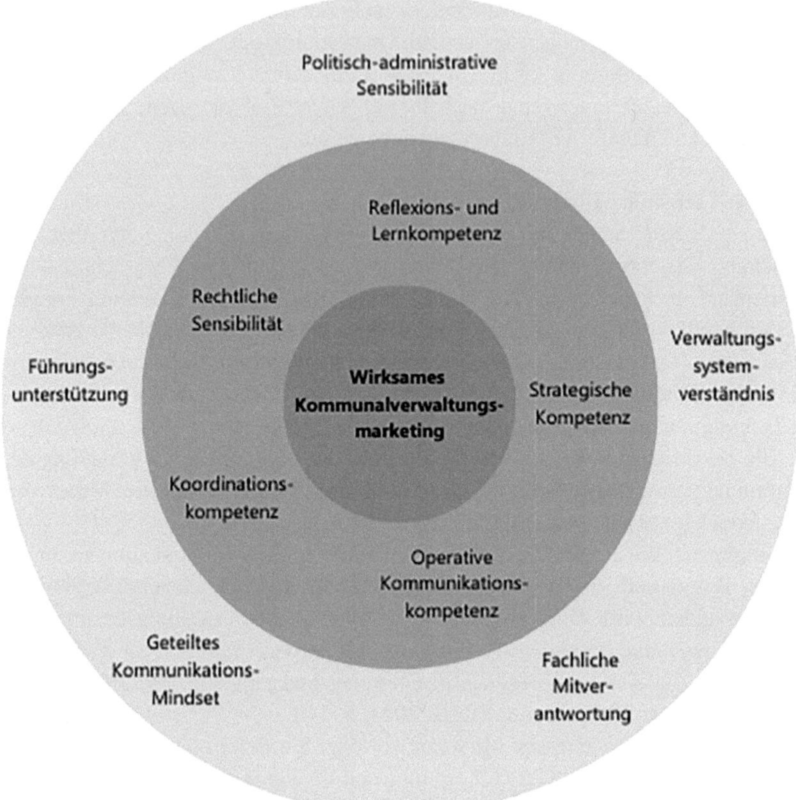

Abb. 5.1 Zwei-Zonen-Modell der Kompetenzarchitektur im Kommunalverwaltungs-marketing. (Eigene Darstellung)

5.3   Erforderliche Kompetenzprofile im Zusammenspiel

Die in Abschn. 4.2 beschriebenen Rollen lassen sich nicht allein über Stellenbeschreibungen definieren. Ihre Wirksamkeit hängt wesentlich von den zugrunde liegenden Kompetenzprofilen ab und vor allem auch davon, wie diese Kompetenzen im Zusammenspiel wirken. Kommunalverwaltungsmarketing ist weniger eine Frage individueller Exzellenz als eine Frage komplementärer Fähigkeiten.

Zunächst bedarf es strategisch-analytischer Kompetenz. Wer im Kommunalverwaltungsmarketing tätig ist, muss fachliche Vorhaben in politische, gesellschaftliche und organisationale Kontexte einordnen können. Dazu gehört die Fähigkeit, Zielkonflikte zu erkennen, öffentliche Resonanz abzuschätzen und kommunikative Handlungsoptionen realistisch zu bewerten. Ohne diese Einordnung bleibt Kommunikation reaktiv.

Zentral ist darüber hinaus eine ausgeprägte Verwaltungskompetenz. Kommunalverwaltungsmarketing kann nur wirksam sein, wenn die handelnden Personen die institutionelle Logik öffentlicher Verwaltung verstehen: rechtliche Bindungen, Neutralitätsanforderungen, politische Entscheidungsprozesse, Haushaltslogiken und formalisierte Verfahren. Erfahrung aus privatwirtschaftlichem Marketing kann wertvolle Impulse liefern, ersetzt jedoch nicht dieses Systemverständnis. Verwaltung ist keine wettbewerbsorientierte Organisation, sondern eine rechtsgebundene, politisch verantwortete und öffentlich kontrollierte Institution. Wer diese Rahmenbedingungen nicht mitdenkt, wird kommunikativ an Grenzen stoßen.

Eng damit verbunden sind Kontext- und Systemverständnis. Kommunale Verwaltung ist Teil eines Geflechts aus Politik, Fachverwaltung, Öffentlichkeit, Medien und weiteren Stakeholdern. Kompetentes Kommunalverwaltungsmarketing setzt voraus, diese Systemlogiken zu kennen und ihre Wechselwirkungen einschätzen zu können.

Eine weitere zentrale Kompetenz ist Moderations- und Koordinationsfähigkeit. Kommunalverwaltungsmarketing operiert an Schnittstellen. Es vermittelt zwischen Fachlichkeit, politischer Steuerung und öffentlicher Wahrnehmung. Dafür sind kommunikative Sensibilität, Konfliktfähigkeit und strukturierte Abstimmung erforderlich. Koordination bedeutet dabei nicht Hierarchie, sondern die Fähigkeit, unterschiedliche Perspektiven produktiv zusammenzuführen.

Operative Umsetzungskompetenz bleibt dennoch unverzichtbar: sprachliche Präzision, adressatengerechte Aufbereitung komplexer Sachverhalte, digitale Kommunikationskompetenz und mediale Handlungssicherheit. Diese Fähigkeiten machen strategische Überlegungen sichtbar und verständlich. Ohne strategische Einbettung bleiben sie jedoch wirkungsarm.

Hinzu kommt rechtliche und normative Sensibilität. Kommunale Kommunikation bewegt sich im Rahmen von Neutralitätsgebot, Gleichbehandlungsgrundsatz, Datenschutz und Transparenzpflichten. Kompetenz bedeutet hier, rechtliche Spielräume verantwortungsvoll einzuschätzen – ohne sie aus bloßer Vorsicht unnötig zu verengen.

Wichtig ist zugleich die Differenzierung zwischen spezialisierten Kommunikationskompetenzen und fachlicher Mitverantwortung. Nicht jede Mitarbeiterin und jeder Mitarbeiter in den Fachbereichen muss über besondere

Marketingkenntnisse verfügen. Für die fachlichen „Zuliefernden" steht weniger Marketing-Spezialwissen im Vordergrund als ein entsprechendes Mindset. Entscheidend ist die Bereitschaft, die eigene fachliche Arbeit auch unter dem Gesichtspunkt von Verständlichkeit, Transparenz und öffentlicher Anschlussfähigkeit mitzudenken.

Kommunikative Expertise kann gebündelt werden. Die kulturelle Voraussetzung – Kommunikation als legitimen Bestandteil fachlicher Verantwortung zu verstehen – muss jedoch organisationsweit getragen werden.

Entscheidend ist schließlich, dass diese Kompetenzen nicht vollständig in einer Person vereint sein müssen. Wirksam wird Kommunalverwaltungsmarketing dort, wo strategische, operative, rechtliche und verwaltungsbezogene Fähigkeiten arbeitsteilig organisiert und bewusst aufeinander bezogen werden. Es braucht kein einheitliches Idealprofil, sondern eine durchdachte Kompetenzarchitektur im Zusammenspiel.

5.4   Unterschiede zwischen kleinen und großen Kommunen

Die organisatorischen Rahmenbedingungen für Kommunalverwaltungsmarketing unterscheiden sich je nach Größe der Kommune erheblich. Diese Unterschiede betreffen vor allem Ressourcen, Spezialisierungsgrad und strukturelle Ausdifferenzierung, nicht jedoch die grundsätzliche Relevanz kommunikativer Aufgaben.

Größere Kommunen verfügen in der Regel über höhere personelle und finanzielle Ressourcen. In der Forschung wird dies u. a. mit dem größeren Aufgabenbestand, zusätzlichen Pflichtaufgaben sowie einem insgesamt höheren Koordinationsbedarf begründet (Effing, 2025, S. 8 ff.). Für kommunikationsnahe Bereiche lässt sich empirisch zeigen, dass hier mehr personelle Kapazitäten zur Verfügung stehen und Aufgaben stärker spezialisiert wahrgenommen werden (ebd.).

Kleinere Kommunen bündeln kommunikative Aufgaben hingegen häufig in geringen Stellenanteilen oder bearbeiten sie zusätzlich zu anderen Funktionen (ebd.). Strategische, operative und koordinierende Aufgaben fallen daher oft in einer Person oder einer sehr kleinen Einheit zusammen.

Eine höhere Ressourcenausstattung bedeutet jedoch nicht automatisch höhere Wirksamkeit. Empirische Befunde zeigen, dass kleinere Kommunen teilweise eine hohe relative Resonanz erzielen können, obwohl sie weniger Kanäle bedienen oder seltener kommunizieren (ebd., S. 155 ff.). Unterschiede liegen somit weniger in der Qualität kommunikativer Arbeit als in deren struktureller Ausdifferenzierung und Stabilität.

Neben der quantitativen Ressourcenausstattung unterscheiden sich auch die Organisationslogiken. In größeren Städten steigt mit der Zahl der Fachbereiche und Beteiligten der Koordinationsbedarf. Kommunikationsaufgaben sind häufig auf mehrere Einheiten verteilt, was eine bewusste Abstimmung erforderlich macht; Fragmentierung und Parallelkommunikation werden hier zur zentralen Herausforderung.

In kleinen und mittleren Kommunen sind Entscheidungswege hingegen oft kürzer und persönliche Abstimmungen einfacher. Die Nähe zwischen Fachbereichen, Verwaltungsführung und politischer Ebene kann Abstimmungen erleichtern und unmittelbare Rückkopplung ermöglichen. Gleichzeitig entsteht jedoch eine stärkere personelle Abhängigkeit: Fällt eine zentrale Kommunikationsperson aus, geraten Koordination und Kontinuität schnell unter Druck.

Unabhängig von der Größe zeigt sich zudem, dass Ressourcen allein die Professionalisierung nicht erklären. In der verwaltungswissenschaftlichen Diskussion wird betont, dass neben strukturellen Faktoren insbesondere organisationale Einbindung und Mindset entscheidend sind (Effing, 2025, S. 199 ff.). Kommunalverwaltungsmarketing entfaltet seine Wirkung daher weniger durch Stellenanteile als durch die Verteilung von Verantwortung, die Einbindung in Entscheidungsprozesse und eine geteilte Kommunikationskultur.

Der Unterschied zwischen kleinen und großen Kommunen liegt somit nicht im Anspruch, sondern in den Rahmenbedingungen. Während große Kommunen Differenzierung und Koordination organisieren müssen, stehen kleine Kommunen vor der Herausforderung, mit begrenzten Mitteln strukturelle Stabilität herzustellen. In beiden Fällen bleibt die zentrale Frage identisch: Wie werden Rollen geklärt, Kompetenzen verteilt und Kommunikationsverantwortung institutionell abgesichert?

5.5 Typische Fehlannahmen zur Personalausstattung und Qualifikation

Rund um Kommunalverwaltungsmarketing bestehen in der Praxis mehrere verbreitete Fehlannahmen, die seine organisationale Entwicklung erschweren.

Eine erste Fehlannahme lautet, dass eine einzelne „kommunikationsstarke" Person ausreiche, um das Aufgabenfeld professionell abzudecken. Wie in Abschn. 4.1 gezeigt, ist Kommunalverwaltungsmarketing jedoch strukturell als Querschnittsfunktion angelegt. Selbst hohe individuelle Kompetenz kann fehlende Rollenklarheit, unklare Zuständigkeiten oder mangelnde Einbindung in Entscheidungsprozesse nicht dauerhaft kompensieren. In der Praxis bedeutet dies, Verantwortlichkeiten bewusst zu klären und Kommunikationsaufgaben organisatorisch abzusichern, anstatt sie an Einzelpersonen zu binden.

Eine zweite Fehlannahme betrifft die Qualifikation. Häufig wird angenommen, dass kommunikative Kompetenz allein aus journalistischer oder marketingbezogener Erfahrung erwächst. Fachliche Expertise in Medienarbeit ist zweifellos wichtig. Ohne Verständnis für verwaltungsrechtliche Rahmenbedingungen, politische Entscheidungslogiken und formalisierte Verfahren bleibt Kommunikation jedoch oberflächlich oder konfliktanfällig. Umgekehrt reicht auch reine Verwaltungserfahrung nicht aus, wenn strategische Kommunikationskompetenz fehlt. Für die Praxis folgt daraus die Notwendigkeit, Kompetenzen gezielt zu kombinieren oder entsprechende Schnittstellen zwischen Fachlichkeit und Kommunikation zu schaffen.

Eine dritte Fehlannahme besteht darin, Personalausstattung primär quantitativ zu denken. Mehr Stellen bedeuten nicht automatisch mehr Wirksamkeit. Entscheidend ist, wie Rollen verteilt, Kompetenzen kombiniert und Zuständigkeiten abgesichert sind. In der Praxis kommt es daher weniger auf die Anzahl der Stellen als auf deren funktionale Einbindung und Abstimmung an.

Schließlich wird Kommunalverwaltungsmarketing gelegentlich als „weiches" Zusatzthema betrachtet, das bei Ressourcenknappheit nachrangig behandelt werden kann. Diese Sicht verkennt, dass Kommunikation integraler Bestandteil von Steuerung, Legitimation und organisationalem Lernen ist. Für die Praxis bedeutet dies, Kommunikation frühzeitig in Entscheidungsprozesse einzubeziehen und nicht erst bei der Umsetzung von Maßnahmen zu berücksichtigen.

Die zentrale Herausforderung liegt daher weniger in der Frage nach der idealen Stellenzahl als in der bewussten Gestaltung einer tragfähigen Rollen- und Kompetenzarchitektur.

Führung und Steuerung im Kommunalverwaltungsmarketing

6

Kommunalverwaltungsmarketing ist als organisationsübergreifende Querschnittsfunktion auf besondere Formen der Führung angewiesen. Anders als klassische Verwaltungsaufgaben kann es nur begrenzt über formale Hierarchien gesteuert werden. Seine Wirksamkeit entsteht vielmehr im Zusammenspiel unterschiedlicher organisatorischer Ebenen und Akteur*innen.

Führung im Kommunalverwaltungsmarketing bedeutet daher vor allem, Orientierung zu schaffen, Abstimmungsprozesse zu ermöglichen und unterschiedliche Perspektiven miteinander zu verbinden. Dieses Kapitel beleuchtet die spezifischen Führungsanforderungen dieses Aufgabenfeldes, die besonderen Steuerungslogiken innerhalb kommunaler Organisationen sowie die Kompetenzen, die für eine wirksame Führung im Kommunalverwaltungsmarketing erforderlich sind.

6.1 Warum Kommunalverwaltungsmarketing Führung braucht – auch ohne formale Weisungsbefugnis

Führung kann nach verschiedenen Grundsätzen praktiziert werden. Unabhängig davon, ob man streng hierarchisch, kooperativ oder lateral führt, bedarf es bei der hier betrachteten Leistung des Kommunalverwaltungsmarketings der Berücksichtigung der Besonderheit dieser Aufgabe. Kommunalverwaltungsmarketing ist keine klassische Linienaufgabe, sondern eine organisationsübergreifende Querschnittsfunktion. Es verbindet fachliche Arbeit der Ämter, strategische Prioritäten der Verwaltungsleitung, politische Entscheidungsprozesse und öffentliche Kommunikation. Diese strukturelle Position führt dazu, dass Kommunalverwaltungsmarketing häufig ohne eigene Weisungsbefugnisse agiert und dennoch

© Der/die Autor(en), exklusiv lizenziert an Springer Fachmedien
Wiesbaden GmbH, ein Teil von Springer Nature 2026
M. Effing, K. Effing, *Organisation des Kommunalverwaltungsmarketings*,
essentials, https://doi.org/10.1007/978-3-658-52039-7_6

koordinierende Wirkung entfalten muss. Gerade deshalb gewinnt Führung eine besondere Bedeutung.

Während viele Aufgaben der Verwaltung entlang klar definierter Hierarchien organisiert sind (z. B. typischerweise die Pflichtaufgaben wie Allgemeines Ordnungsrecht, Sozialrecht, Melderecht, Baurecht, vgl. z. B. Möltgen-Sicking & Winter, 2018, S. 54), bewegt sich Kommunalverwaltungsmarketing in einem Geflecht unterschiedlicher Zuständigkeiten und Steuerungslogiken. Fachbereiche verfügen über eine teils weite fachliche Autonomie, politische Gremien (Rat, Kreistag) treffen eigenständige Entscheidungen entsprechend des Rahmens der jeweiligen Gemeinde- und Kreisordnung, und die Verwaltungsleitung verantwortet strategische Prioritäten der Organisation. Kommunikation entsteht damit nicht innerhalb einer einzelnen organisatorischen Einheit, sondern im Zusammenspiel verschiedener Akteur*innen.

Vor diesem Hintergrund kann Kommunalverwaltungsmarketing nicht allein durch formale Zuständigkeiten gesteuert werden. Seine Wirksamkeit hängt wesentlich davon ab, ob es gelingt, unterschiedliche Perspektiven zu verbinden, Prioritäten sichtbar zu machen und Abstimmungsprozesse zu moderieren. Führung bedeutet hier weniger klassische hierarchische Steuerung als vielmehr Orientierung, Koordination und Übersetzung zwischen organisationalen Logiken.

Ein hilfreiches Bild für diese besondere Führungsrolle ist das des Arrangeurs in einem Orchester. Während die Dirigentin oder der Dirigent (das sind Bürgermeister*innen und Landrät*innen) die Gesamtleitung übernimmt, sorgt der Arrangeur dafür, dass unterschiedliche Stimmen und organisatorische Perspektiven zu einem stimmigen und auch neuen Gesamtbild zusammengeführt werden. Er gestaltet Übergänge, ordnet einzelne Beiträge neu und sorgt dafür, dass aus unterschiedlichen Impulsen ein kohärentes Zusammenspiel entsteht. Die Funktion des Arrangeurs wird im Hintergrund wahrgenommen, die Dirigent*innen stehen im Mittelpunkt bzw. im Scheinwerferlicht des Geschehens.

Übertragen auf das Kommunalverwaltungsmarketing bedeutet dies: Führung besteht weniger darin, einzelne Akteur*innen unmittelbar zu steuern, sondern darin, Rahmenbedingungen für ein funktionierendes Zusammenspiel zu schaffen. Themen müssen strukturiert, Abstimmungsprozesse organisiert und unterschiedliche Perspektiven miteinander verbunden werden (vgl. Abb. 6.1). Diese Arbeit bleibt häufig im Hintergrund, ist jedoch entscheidend für die Gesamtwirkung kommunaler Kommunikation.

Abb. 6.1 Arrangierende
Führung im Kommunalverwaltungsmarketing. (Eigene
Darstellung)

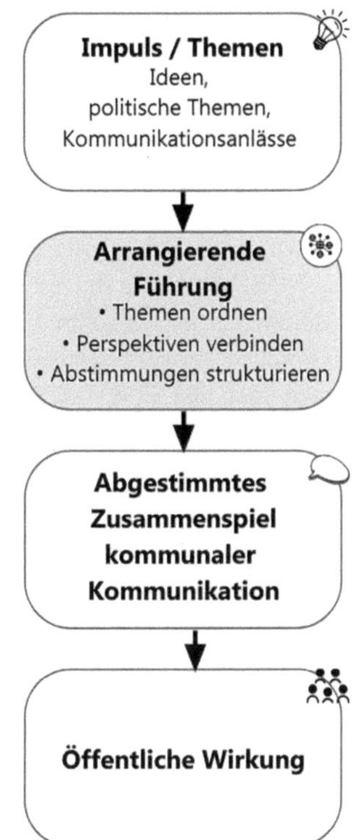

6.2 Führung im Spannungsfeld von Politik, Fachämtern, Verwaltungsleitung und Öffentlichkeit

Führung im Kommunalverwaltungsmarketing bewegt sich in einem komplexen Geflecht unterschiedlicher Steuerungslogiken. Während viele organisatorische Aufgaben innerhalb klar definierter Hierarchien bearbeitet werden können, entsteht Kommunalverwaltungsmarketing im Zusammenspiel mehrerer Systeme: der Fachverwaltung, der politischen Ebene, der Verwaltungsleitung und der Öffentlichkeit. Jede dieser Ebenen folgt eigenen Handlungslogiken, Erwartungen und Zeithorizonten.

Für Fachbereiche steht in der Regel die fachlich und rechtlich korrekte Aufgabenerfüllung im Vordergrund. Verwaltungshandeln ist durch regelbasierte Verfahren, Zuständigkeiten und dokumentierte Entscheidungswege geprägt. Diese Struktur ermöglicht Verlässlichkeit und Gleichbehandlung, führt jedoch zugleich zu einer stark arbeitsteiligen Organisation. Die in Kap. 2 beschriebenen funktionalen Strukturen kommunaler Verwaltungen erzeugen eine ausgeprägte fachliche Segmentierung – die „berühmt-berüchtigten" Silos der weberianischen Verwaltungsstruktur. Themen werden häufig aus der Perspektive einzelner Fachzuständigkeiten betrachtet, während organisationsübergreifende Zusammenhänge weniger im Fokus stehen. Auch wenn der Wunsch verbreitet ist, diese Silos zu überwinden, existiert bislang kein überzeugendes organisatorisches Gegenmodell. Die KGSt beschreibt mit dem Leitbild der „Netzwerkkommune" neue Formen der Zusammenarbeit im kommunalen Ökosystem, doch eine vollständige Abkehr vom klassischen Verwaltungsmodell ist nicht zu erwarten. Silos werden bleiben, doch entscheidend ist, ihre Vorteile zu nutzen.

Politische Akteure folgen hingegen einer anderen Logik. Während Verwaltung auf fachliche Konsistenz und rechtliche Absicherung ausgerichtet ist, orientiert sich Politik stärker an gesellschaftlicher Wahrnehmung, politischer Positionierung und öffentlicher Resonanz. Viele Beschlussvorlagen werden ohne größere Kontroversen verabschiedet, während einzelne symbolisch bedeutsame Themen intensive politische Debatten auslösen können.

Ein anschauliches Beispiel hierfür bieten kommunale Haushaltsdebatten. Obwohl kommunale Haushalte häufig ein Volumen von mehreren hundert Millionen Euro umfassen, konzentrieren sich politische Auseinandersetzungen häufig auf vergleichsweise kleine Einzelpositionen. So kann der Haushaltsbeschluss in einem Landkreis davon abhängen, dass bei einem Volumen von mehreren hundert Millionen Euro die Zustimmung einer Fraktion zum Gesamthaushalt von der Höhe der Fangprämien für Bisamratten abhängt. Hier wird leidenschaftlich gestritten, ob dies 5000 € oder 10.000 € sein sollen. Eine absolut unwichtige Größenordnung in finanzieller Hinsicht, aber in der politischen Verdichtung extrem bedeutsam (ähnliche Beispiele sind Förderbeträge für einzelne Vereine wie die Kreisjägerschaft oder ein Hospiz usw.). Diese Debatten sind jedoch keineswegs irrational. Sie erfüllen eine wichtige politische Funktion, weil Parteien und Fraktionen darüber ihre politischen Profile sichtbar machen und politische Unterschiede markieren können.

Die Verwaltungsleitung bewegt sich zwischen diesen beiden Systemlogiken. Bürgermeister*innen oder Landrät*innen sind zugleich Leiter*innen der Verwaltung und zentrale politische Akteur*innen innerhalb der kommunalen Entscheidungsstrukturen. Sie müssen fachliche Rationalität, politische Entscheidungsprozesse und öffentliche Wahrnehmung miteinander verbinden.

Eine vierte Perspektive bringt die Öffentlichkeit ein. Für viele Entscheidungen der kommunalen Verwaltung besteht zunächst nur begrenztes öffentliches Interesse. Zahlreiche Beschlüsse betreffen Themen mit eher mittelbaren Auswirkungen auf das Alltagsleben, etwa Bebauungsplanänderungen, Schulentwicklungsplanung oder Smart-City-Strategien. Gleichzeitig können einzelne Maßnahmen wie z. B. Gebührenänderungen, Grundsteuererhöhungen, Verkehrsmaßnahmen oder Bauprojekte, unmittelbare Betroffenheit auslösen und starke öffentliche Reaktionen hervorrufen. Kommunalverwaltungsmarketing muss daher berücksichtigen, dass öffentliche Aufmerksamkeit selektiv und häufig anlassbezogen entsteht.

Führung im Kommunalverwaltungsmarketing besteht daher wesentlich darin, diese unterschiedlichen Perspektiven frühzeitig zu erkennen und ihre Wechselwirkungen zu antizipieren. Kommunikation wird dadurch nicht erst zur Reaktion auf Konflikte, sondern Teil organisatorischer Vorbereitung.

6.3 Zentrale Führungsleistungen im Kommunalverwaltungsmarketing

Aus diesen Spannungsfeldern ergeben sich zentrale Führungsleistungen im Kommunalverwaltungsmarketing. Führung bedeutet hier vor allem, Orientierung in einem komplexen organisationalen Umfeld zu schaffen. Vier Aspekte sind dabei besonders prägend: Priorisierung, Moderation, Übersetzung zwischen organisationalen Logiken sowie der verantwortungsvolle Umgang mit sensiblen Informationen.

Eine zentrale Aufgabe besteht in der **Priorisierung**. Kommunalverwaltungen bearbeiten eine Vielzahl von Themen parallel, während kommunikative Aufmerksamkeit und organisatorische Ressourcen begrenzt bleiben. Führung im Kommunalverwaltungsmarketing muss daher kontinuierlich entscheiden, welche Themen besondere kommunikative Aufmerksamkeit erfordern und welche zunächst nachrangig behandelt werden können. Diese Priorisierung erfolgt selten in stabilen Planungszyklen. Vielmehr handelt es sich um einen dynamischen Prozess, in dem neue Entwicklungen fortlaufend berücksichtigt werden müssen. Neben Routineaufgaben treten regelmäßig zeitkritische Situationen auf, die kurzfristige Entscheidungen erfordern. Eine klare und vor allem schnelle Priorisierung ist daher bedeutsam. Das oben dargelegte Spannungsfeld erfordert den Mut, Prioritäten in einem rollierenden System neu zu justieren. Führung muss aushalten, dass dies nach außen mitunter sprunghaft wirkt. Der dahinterstehende Plan kann nicht immer vollständig erläutert werden. Ein Mindestmaß an Transparenz ist notwendig, doch nicht jede Prioritätsänderung kann ausführlich begründet oder diskutiert werden.

Eng damit verbunden ist die **Moderation** organisationsübergreifender Abstimmungsprozesse. Kommunalverwaltungsmarketing agiert an Schnittstellen zwischen Fachbereichen, Verwaltungsleitung, Politik und Öffentlichkeit. Unterschiedliche Perspektiven und Erwartungen müssen daher miteinander abgestimmt werden. Moderation bedeutet hier nicht nur Gesprächsleitung, sondern die strukturierte Organisation solcher Abstimmungsprozesse. Die Moderations- und Kommunikationsanforderungen sind hoch und stellen häufig einen zentralen Erfolgsfaktor der Führungsaufgabe dar. Führung muss dabei in der Lage sein, unterschiedliche Steuerungslogiken zu übersetzen und eine gemeinsame Verständigungsbasis herzustellen. Diese Leistung geschieht oft im Hintergrund, da weder Politik noch Fachbereiche regelmäßig Ressourcen darauf verwenden, die kommunikativen Überlegungen im Detail nachzuvollziehen. Auf Ebene der Verwaltungsleitung ist dies anders, da dort Entscheidungen häufiger aus einer gesamtheitlichen Perspektive getroffen werden. Daraus ergeben sich zugleich Hinweise für die organisatorische Verortung des Kommunalverwaltungsmarketings innerhalb der Verwaltung.

Eine weitere zentrale Führungsleistung besteht in der **Übersetzung** zwischen unterschiedlichen organisationalen Logiken. Fachbereiche, politische Akteure und Öffentlichkeit interpretieren kommunale Themen jeweils aus eigenen Perspektiven. Kommunalverwaltungsmarketing muss diese Perspektiven miteinander verbinden und verständlich machen.

Schließlich spielt der verantwortungsvolle **Umgang mit sensiblen Informationen** eine wichtige Rolle. Kommunalverwaltungsmarketing erhält häufig frühzeitig Einblick in Planungen oder politische Abstimmungsprozesse. Diese Informationsnähe ermöglicht vorausschauende Kommunikation, erfordert jedoch zugleich ein hohes Maß an Loyalität und Diskretion.

Eine zusätzliche Führungsleistung besteht in der **Antizipation**. Kommunalverwaltungsmarketing muss Entwicklungen frühzeitig erkennen und einschätzen können, welche Themen erklärungsbedürftig werden könnten. Diese vorausschauende Perspektive hilft der Organisation, kommunikative Herausforderungen rechtzeitig vorzubereiten.

Diese Führungsleistungen sind in den in Abschn. 5.2 benannten Rollen zu berücksichtigen.

6.4 Führung als Koordinationsleistung im Kommunalverwaltungsmarketing

Ein zentrales Merkmal des Kommunalverwaltungsmarketings besteht darin, dass seine Steuerung nur begrenzt über klassische hierarchische Mechanismen erfolgen kann. In vielen Kommunen ist die Funktion organisatorisch als Stabsstelle oder Koordinationsfunktion verankert. Direkte Weisungsbefugnisse gegenüber Fachbereichen bestehen meist nicht. Führung entsteht daher weniger über formale

Autorität als über Koordination, Argumentation, Netzwerkbeziehungen und organisatorische Anschlussfähigkeit.

Diese Form der Steuerung ist in komplexen Organisationen keineswegs ungewöhnlich, gewinnt jedoch bei Querschnittsaufgaben besondere Bedeutung. Kommunalverwaltungsmarketing wirkt organisationsübergreifend und berührt fachliche, politische und kommunikative Perspektiven zugleich. Seine Steuerungsleistung besteht daher vor allem darin, unterschiedliche Perspektiven miteinander zu verbinden und Abstimmungsprozesse innerhalb der Organisation zu ermöglichen.

In der Praxis zeigt sich diese Form der Führung insbesondere in der frühen Einbindung kommunikativer Perspektiven in fachliche Projekte. Wenn Kommunalverwaltungsmarketing bereits in der Planungsphase beteiligt ist, können kommunikative Anforderungen frühzeitig berücksichtigt werden. Kommunikation wird dadurch nicht erst zum Abschluss eines Projekts relevant, sondern Teil organisatorischer Planung. Regelmäßige Austauschformate zwischen Fachbereichen, Kommunikationsfunktionen und Verwaltungsleitung unterstützen diesen Prozess. Sie helfen dabei, Themen frühzeitig zu erkennen, organisationsweit Orientierung zu schaffen und unterschiedliche Perspektiven zusammenzuführen.

Gleichzeitig zeigen sich in der Praxis immer wieder Fehlannahmen darüber, wie Kommunalverwaltungsmarketing gesteuert werden kann. Wie bereits angedeutet, wird die Funktion dabei häufig primär als operative Kommunikations- oder Serviceeinheit verstanden. Wird Kommunalverwaltungsmarketing auf Pressearbeit oder Kampagnen reduziert, bleibt seine strategische Rolle ungenutzt.

Ebenso problematisch ist die Vorstellung, kommunikative Aufgaben könnten über klassische Hierarchie gesteuert werden. Da Kommunalverwaltungsmarketing in der Regel ohne Weisungsbefugnis gegenüber Fachbereichen arbeitet, führen hierarchische Steuerungsversuche häufig zu Widerständen und erschweren organisationsübergreifende Zusammenarbeit.

Eine weitere Fehlannahme liegt in der starken Personalisierung der Führungsrolle. Wird Kommunalverwaltungsmarketing dauerhaft mit einzelnen besonders engagierten Personen verbunden, entsteht eine strukturelle Abhängigkeit. Nachhaltige Führung muss daher darauf abzielen, Rollen zu verteilen und organisatorische Routinen zu etablieren.

Schließlich zeigt sich in manchen Organisationen die Erwartung, kommunikative Konflikte vollständig vermeiden zu können. In demokratischen Entscheidungsprozessen ist dies jedoch unrealistisch. Führung im Kommunalverwaltungsmarketing besteht daher nicht darin, Konflikte zu verhindern, sondern darin, mit ihnen konstruktiv umzugehen und sie verständlich einzuordnen.

Damit wird deutlich, dass Führung im Kommunalverwaltungsmarketing eine verbindende Funktion innerhalb der Organisation übernimmt. Sie wirkt nicht primär über formale Autorität, sondern über Orientierung, Vermittlung und Koordination. Führung bedeutet in diesem Kontext vor allem, unterschiedliche Perspektiven zusammenzuführen und innerhalb der Organisation eine gemeinsame Verständigungsbasis zu schaffen.

Kommunalverwaltungsmarketing kann seine Wirkung daher nur entfalten, wenn Führung strukturelle, kulturelle und kommunikative Perspektiven miteinander verbindet und organisationsübergreifende Abstimmungsprozesse ermöglicht. Erst in diesem Zusammenspiel entsteht eine Kommunikation, die für Verwaltung, Politik und Öffentlichkeit nachvollziehbar und anschlussfähig ist.

6.5 Kompetenzprofile und Anforderungen an Führung

Die beschriebenen Anforderungen zeigen, dass Führung im Kommunalverwaltungsmarketing ein besonderes Kompetenzprofil erfordert. Neben klassischer Verwaltungserfahrung und kommunikativem Fachwissen spielen vor allem organisationsbezogene Fähigkeiten eine zentrale Rolle. Führungskräfte müssen in der Lage sein, komplexe Zusammenhänge zu überblicken, unterschiedliche Perspektiven zu integrieren und organisationale Prozesse vorausschauend zu begleiten.

Eine wichtige Kompetenz ist dabei organisationspolitische Sensibilität. Kommunale Organisationen sind nicht nur fachliche Systeme, sondern auch politische Arenen. Entscheidungen entstehen im Zusammenspiel unterschiedlicher Interessen, Perspektiven und Verantwortlichkeiten. Führung im Kommunalverwaltungsmarketing muss diese Dynamik verstehen und berücksichtigen, ohne selbst zum politischen Akteur zu werden.

Ebenso zentral ist die Fähigkeit zur strukturierten Kommunikation innerhalb der Organisation. Viele Konflikte entstehen nicht aus gegensätzlichen Interessen, sondern aus unterschiedlichen Informationsständen oder Interpretationen. Kommunalverwaltungsmarketing kann hier eine wichtige Vermittlungsfunktion übernehmen, indem Informationen gebündelt, strukturiert und für verschiedene Zielgruppen innerhalb der Organisation verständlich aufbereitet werden.

Darüber hinaus erfordert Führung in diesem Bereich ein ausgeprägtes Verständnis für organisationale Lernprozesse. Kommunalverwaltungen stehen unter erheblichem Veränderungsdruck: Digitalisierung, gesellschaftliche Erwartungen und politische Dynamiken verändern die Rahmenbedingungen kommunaler Arbeit kontinuierlich. Kommunalverwaltungsmarketing kann dazu beitragen, solche

Veränderungen kommunikativ zu begleiten und innerhalb der Organisation Orientierung zu schaffen.

Eine weitere zentrale Kompetenz ist die Fähigkeit zur Netzwerkbildung. Da Kommunalverwaltungsmarketing selten über direkte Weisungsbefugnisse verfügt, entsteht Einfluss häufig über tragfähige Beziehungen innerhalb der Organisation. Vertrauensvolle Zusammenarbeit mit Fachbereichen, Verwaltungsleitung und politischen Akteuren bildet daher eine wichtige Grundlage für wirksame Führung.

Diese Kompetenzanforderungen verdeutlichen zugleich, dass Kommunalverwaltungsmarketing nicht allein als operative Kommunikationsfunktion verstanden werden kann. Es handelt sich vielmehr um eine organisationsbezogene Gestaltungsaufgabe, die kommunikative, organisatorische und strategische Fähigkeiten miteinander verbindet.

6.6 Praxisbeobachtungen und Perspektiven

In der praktischen Arbeit kommunaler Verwaltungen zeigt sich häufig, dass erfolgreiche Kommunikationsprozesse weniger von einzelnen Maßnahmen als von der Qualität der Zusammenarbeit innerhalb der Organisation abhängen. Projekte, die frühzeitig abgestimmt werden und bei denen Kommunikation als integraler Bestandteil der Planung verstanden wird, verlaufen meist stabiler als Vorhaben, bei denen kommunikative Fragen erst im Nachgang eine Rolle spielen.

Ein Beispiel hierfür sind größere Infrastrukturprojekte. Wenn kommunikative Aspekte bereits in der Planungsphase sowie bei rechtlich vorgeschriebenen Informationspflichten gegenüber den Bürger*innen berücksichtigt werden, können mögliche Konfliktlinien frühzeitig erkannt werden. Bürger*innen erhalten nachvollziehbare Informationen über Ziele, Alternativen und Entscheidungsprozesse. Dadurch entsteht häufig mehr Verständnis für komplexe Entscheidungen. Ähnliche Effekte zeigen sich auch bei organisatorischen Veränderungen innerhalb der Verwaltung. Werden solche Veränderungen frühzeitig intern erläutert und abgestimmt, verlaufen auch externe Kommunikationsprozesse meist reibungsloser.

Diese Beobachtungen verdeutlichen, dass Kommunalverwaltungsmarketing nicht nur eine Frage einzelner Kommunikationsinstrumente ist. Entscheidend ist vielmehr, wie gut kommunikative Perspektiven in organisatorische Entscheidungsprozesse integriert werden. Führung spielt dabei eine zentrale Rolle, weil sie die notwendigen Abstimmungsprozesse initiiert, strukturiert und innerhalb der Organisation sichtbar macht.

Mit Blick auf die zukünftige Entwicklung kommunaler Organisationen wird diese Rolle eher an Bedeutung gewinnen. Verwaltungen arbeiten zunehmend projektorientiert, vernetzt und kollaborativ (vgl. Abschn. 6.2 Thema Netzwerk-kommune). Gleichzeitig steigen die gesellschaftlichen Erwartungen an Transparenz, Beteiligung und Verständlichkeit politischen Handelns. Kommunalverwaltungsmarketing kann in solchen Strukturen eine wichtige verbindende Funktion übernehmen, indem es unterschiedliche Perspektiven zusammenführt und Orientierung in komplexen Entscheidungsprozessen schafft.

Damit wird zugleich deutlich, dass Kommunalverwaltungsmarketing über klassische Kommunikationsarbeit hinausgeht. Es handelt sich vielmehr um eine organisationsbezogene Koordinations- und Integrationsaufgabe. Führungskräfte in diesem Bereich arbeiten an den Schnittstellen zwischen Fachverwaltung, Politik, Verwaltungsleitung und Öffentlichkeit. Ihre Aufgabe besteht darin, Verständigung zu ermöglichen, Orientierung zu geben und kommunikative Aspekte frühzeitig in organisatorische Prozesse einzubringen.

Führung im Kommunalverwaltungsmarketing ist daher weniger eine Frage formaler Autorität als vielmehr eine Frage organisatorischer Gestaltung. Sie verbindet Struktur, Kultur und Kommunikation und trägt dazu bei, dass kommunale Organisationen auch unter veränderten gesellschaftlichen Rahmenbedingungen handlungsfähig bleiben.

Arbeitsweisen und organisationale Beweglichkeit 7

Kommunalverwaltungen stehen heute unter wachsendem Erwartungs- und Veränderungsdruck. Gesellschaftliche Dynamiken, digitale Kommunikation, politische Konflikte und eine zunehmend aktive Öffentlichkeit führen dazu, dass kommunales Handeln stärker beobachtet, schneller bewertet und häufiger hinterfragt wird. Gleichzeitig bleiben Verwaltungsorganisationen ihrem Wesen nach auf Stabilität, Verlässlichkeit und rechtssichere Verfahren ausgerichtet.

Für das Kommunalverwaltungsmarketing entsteht daraus eine besondere Herausforderung. Kommunikation muss häufig auf kurzfristige Ereignisse reagieren, Themen einordnen oder komplexe Sachverhalte verständlich vermitteln. Gleichzeitig ist sie in organisatorische Strukturen eingebunden, die auf sorgfältige Abstimmung, formale Entscheidungswege und klare Zuständigkeiten ausgerichtet sind.

Organisationale Beweglichkeit bedeutet in diesem Kontext daher nicht, klassische Verwaltungsprinzipien aufzugeben. Vielmehr geht es darum, innerhalb der bestehenden rechtlichen und politischen Rahmenbedingungen Arbeitsweisen zu entwickeln, die schnelleres Lernen, frühzeitige Abstimmung und flexible Reaktion auf neue Situationen ermöglichen. Organisationen stehen heute generell vor der Aufgabe, auf dynamische Umweltbedingungen zu reagieren und ihre Handlungsweisen kontinuierlich anzupassen. Lernen wird damit zu einer zentralen Voraussetzung organisationaler Entwicklung (vgl. Lass-Lennecke, o. D., S. 1 ff).

Kommunalverwaltungsmarketing ist besonders auf solche lern- und anpassungsfähigen Arbeitsweisen angewiesen. Die folgenden Abschnitte beleuchten daher zunächst, warum klassische Verwaltungslogiken im Kommunikationskontext häufig zu langsam wirken, und zeigen anschließend, welche Formen organisationaler Beweglichkeit im kommunalen Kontext realistisch und sinnvoll sein können.

M. Effing, K. Effing, *Organisation des Kommunalverwaltungsmarketings*, essentials, https://doi.org/10.1007/978-3-658-52039-7_7

51

7.1 Warum klassische Verwaltungslogik im Kommunalverwaltungsmarketing häufig zu langsam ist

Die organisatorische Logik kommunaler Verwaltungen ist historisch darauf ausgerichtet, rechtssicher, nachvollziehbar und kontrollierbar zu handeln. Entscheidungsprozesse folgen klar definierten Zuständigkeiten, Abstimmungen erfolgen entlang hierarchischer Linien, und zentrale Schritte werden dokumentiert und formal abgesichert. Diese Struktur ist eine wesentliche Voraussetzung für demokratische Kontrolle, Gleichbehandlung und Rechtsstaatlichkeit.

Gerade im Kontext von Kommunikation kann diese Logik jedoch zu zeitlichen Spannungen führen. Kommunale Kommunikation bewegt sich häufig in Situationen, die durch hohe Dynamik, öffentliche Aufmerksamkeit und kurzfristige Ereignisse geprägt sind. Themen entstehen etwa durch politische Debatten, Medienberichte oder Ereignisse vor Ort und erfordern teilweise schnelle Einordnung oder Erklärung.

Demgegenüber stehen administrative Prozesse, die auf sorgfältige Abstimmung ausgerichtet sind. Fachliche Prüfung, interne Abstimmungen und politische Sensibilität sind notwendige Bestandteile verantwortungsvollen Verwaltungshandelns. Gleichzeitig verlängern sie Entscheidungswege und erschweren kurzfristige Reaktionen. Kommunikation kann dadurch erst dann erfolgen, wenn fachliche und politische Positionen vollständig geklärt sind.

Diese strukturelle Verzögerung ist kein Ausdruck mangelnder Professionalität, sondern eine Folge der institutionellen Logik öffentlicher Organisationen. Verwaltungen sind darauf angelegt, stabile und verlässliche Entscheidungen zu treffen, während Kommunikation häufig unter Bedingungen von Unsicherheit, öffentlicher Erwartung und Zeitdruck stattfindet.

Hinzu kommt, dass Organisationen generell dazu neigen, bestehende Routinen zu stabilisieren. Veränderungs- und Lernprozesse entstehen häufig erst dann, wenn bestehende Handlungsmuster an ihre Grenzen stoßen oder neue Anforderungen nicht mehr mit vorhandenen Mitteln bewältigt werden können. Organisationale Lernprozesse setzen daher oft voraus, dass etablierte Arbeitsweisen bewusst hinterfragt und angepasst werden (vgl. Franz, 1999, S. 321 ff.).

Im Kontext des Kommunalverwaltungsmarketings zeigt sich diese Herausforderung besonders deutlich. Kommunikation ist auf frühzeitige Information, kontinuierliche Abstimmung und flexible Reaktion angewiesen. Gleichzeitig ist sie organisatorisch in Strukturen eingebunden, die primär auf rechtliche Prüfung, politische Abstimmung und formale Verantwortlichkeiten ausgerichtet sind.

Die zentrale Frage lautet daher nicht, ob kommunale Verwaltung „agiler" werden muss, sondern wie innerhalb bestehender institutioneller Rahmenbedingungen Arbeitsweisen entstehen können, die schnelleres Lernen, frühere Einbindung von Kommunikation und flexiblere Reaktionen ermöglichen.

7.2 Was organisationale Beweglichkeit im kommunalen Kontext bedeuten kann

Organisationale Beweglichkeit bedeutet im kommunalen Kontext nicht, Verwaltungsstrukturen grundsätzlich zu verändern oder formale Verfahren zu ersetzen. Vielmehr geht es darum, innerhalb bestehender rechtlicher und organisatorischer Rahmenbedingungen Arbeitsweisen zu entwickeln, die Lernen, Anpassung und frühzeitige Abstimmung ermöglichen. Gerade im Kommunalverwaltungsmarketing kann dies helfen, auf dynamische Kommunikationssituationen angemessen zu reagieren, ohne die Prinzipien von Rechtssicherheit, politischer Verantwortung und Verlässlichkeit zu unterlaufen.

Ein erster Ansatzpunkt ist ein iteratives Vorgehen. Anstatt Kommunikationsprozesse ausschließlich linear zu planen, von der internen Abstimmung bis zur fertigen Veröffentlichung, kann Kommunikation schrittweise entwickelt werden. Informationen werden zunächst in einer vorläufigen Form eingeordnet und bei neuen Erkenntnissen angepasst oder ergänzt. Solche iterative Prozesse ermöglichen es, auf neue Entwicklungen zu reagieren und Kommunikation fortlaufend weiterzuentwickeln. In organisationalen Lernprozessen gilt Veränderung grundsätzlich als kontinuierlicher Anpassungsprozess, bei dem Organisationen ihr Verhalten und ihre Wissensbestände schrittweise an neue Anforderungen anpassen (vgl. Lass-Lennecke, o. D., S. 7 ff.).

Ein zweiter Aspekt ist lernende Kommunikation. Organisationale Beweglichkeit entsteht nicht allein durch schnellere Prozesse, sondern vor allem durch die Fähigkeit, Erfahrungen systematisch auszuwerten und in zukünftige Entscheidungen einzubeziehen. Rückmeldungen aus Öffentlichkeit, Medien oder Beteiligungsformaten können wichtige Hinweise darauf geben, welche Informationen fehlen, welche Erwartungen bestehen oder wo Missverständnisse entstehen. Werden solche Rückmeldungen in der Organisation reflektiert, können Kommunikationsstrategien und Arbeitsweisen schrittweise verbessert werden. Organisationen entwickeln sich in diesem Sinne durch Lernprozesse weiter, in denen Erfahrungen, Wissen und Routinen kontinuierlich angepasst werden (vgl. Franz, 1999, S. 325 ff.).

Ein dritter Baustein organisationaler Beweglichkeit ist die flexible Reaktion auf Ereignisse. Kommunale Kommunikation ist häufig mit Situationen konfrontiert, die sich kurzfristig entwickeln, etwa politische Konflikte, Medienanfragen oder unerwartete Ereignisse im kommunalen Alltag. Beweglichkeit bedeutet hier nicht, auf jede Situation sofort zu reagieren, sondern innerhalb klarer Leitplanken handlungsfähig zu bleiben. Dazu gehören abgestimmte Verantwortlichkeiten, transparente Informationswege und ein gemeinsames Verständnis darüber, welche Themen schnell kommuniziert werden können und bei welchen Fragen zunächst weitere Abstimmungen erforderlich sind.

Organisationale Beweglichkeit entsteht damit weniger durch neue Instrumente als durch veränderte Arbeitsweisen. Iterative Prozesse, systematisches Lernen und flexible Reaktionsmöglichkeiten ermöglichen es Kommunalverwaltungen, Kommunikation schrittweise weiterzuentwickeln und zugleich die Anforderungen an Rechtssicherheit und politische Verantwortung zu wahren.

7.3   Klare organisationale Leitplanken

Organisationale Beweglichkeit in der kommunalen Kommunikation kann nur funktionieren, wenn sie innerhalb klarer institutioneller Leitplanken stattfindet. Kommunalverwaltungsmarketing bewegt sich nicht im freien Raum, sondern ist an rechtliche Vorgaben, politische Verantwortlichkeiten und organisatorische Verlässlichkeit gebunden. Diese Rahmenbedingungen sind keine Einschränkung professioneller Kommunikation, sondern bilden die Grundlage ihrer Legitimation. Beweglichkeit bedeutet daher nicht, formale Strukturen zu umgehen, sondern innerhalb dieser Strukturen handlungsfähig zu bleiben.

Eine zentrale Leitplanke bildet das Recht. Kommunale Kommunikation muss rechtliche Anforderungen wie Gleichbehandlung, Neutralität und Datenschutz beachten. Gleichzeitig darf sie politische Entscheidungsprozesse nicht vorwegnehmen oder Verwaltungsentscheidungen suggerieren, die noch nicht getroffen wurden. Gerade in dynamischen Kommunikationssituationen ist es daher wichtig zu klären, welche Informationen bereits rechtssicher kommuniziert werden können und welche Inhalte noch interner Abstimmung bedürfen. Organisationale Beweglichkeit entsteht hier nicht durch weniger Rechtssicherheit, sondern durch ein gemeinsames Verständnis der rechtlichen Spielräume.

Eine zweite Leitplanke ist die politische Verantwortung. Kommunalverwaltungen handeln nicht unabhängig, sondern im Auftrag demokratisch legitimierter Gremien. Kommunikation muss daher politische Entscheidungsstrukturen berücksichtigen und darf politische Debatten nicht ersetzen oder überformen. Gleichzeitig kann Kommunalverwaltungsmarketing dazu beitragen, politische Entscheidungen verständlich einzuordnen und ihre Hintergründe transparent zu machen. Gerade in konfliktbehafteten Themenfeldern ist es wichtig, zwischen fachlicher Information, politischer Positionierung und öffentlicher Diskussion zu unterscheiden.

Ein dritter zentraler Rahmen ist die Verlässlichkeit organisationaler Kommunikation. Öffentlichkeit, Medien und politische Akteure erwarten eine nachvollziehbare und konsistente Informationspraxis. Häufig wechselnde Aussagen, unklare Zuständigkeiten oder widersprüchliche Informationen können Vertrauen untergraben. Organisationale Beweglichkeit bedeutet daher nicht spontane Kommunikation, sondern abgestimmte und transparente Informationsprozesse.

Ein Beispiel aus der Praxis verdeutlicht dieses Zusammenspiel. Angenommen, eine Kommune plant eine größere Verkehrsmaßnahme, etwa eine Umgestaltung einer zentralen Straße. Bereits während der Planungsphase entstehen öffentliche Fragen und mediale Aufmerksamkeit. Eine bewegliche Kommunikationspraxis könnte hier frühzeitig erklären, welche Ziele mit der Maßnahme verfolgt werden, welche Varianten geprüft werden und in welchen Schritten politische Entscheidungen getroffen werden. Gleichzeitig wird deutlich gemacht, welche Punkte noch offen sind und welche Entscheidungen dem Rat vorbehalten bleiben. Auf diese Weise bleibt Kommunikation anschlussfähig für Öffentlichkeit und Medien, ohne politische Entscheidungsprozesse vorwegzunehmen.

Organisationale Beweglichkeit im Kommunalverwaltungsmarketing bedeutet daher nicht maximale Geschwindigkeit, sondern eine ausgewogene Balance: Kommunikation reagiert frühzeitig auf Informationsbedarfe, bleibt dabei jedoch rechtlich abgesichert, politisch sensibel und organisatorisch verlässlich. Klare Leitplanken schaffen damit erst die Voraussetzung dafür, dass flexible Arbeitsweisen in der kommunalen Kommunikation überhaupt funktionieren können.

7.4 Typische Missverständnisse zu Agilität in der Verwaltung

Der Begriff der Agilität wird in der Diskussion über Verwaltungsmodernisierung häufig als Lösung für strukturelle Probleme öffentlicher Organisationen präsentiert. Dabei entsteht leicht der Eindruck, agile Arbeitsweisen könnten klassische Verwaltungsstrukturen ersetzen oder formale Verfahren grundsätzlich überwinden. Für den kommunalen Kontext ist diese Vorstellung jedoch nur eingeschränkt zutreffend. Agilität bedeutet hier nicht die Abkehr von rechtlichen, politischen und organisatorischen Rahmenbedingungen, sondern eine Anpassung von Arbeitsweisen innerhalb dieser Strukturen (vgl. Effing, i. Dr.).

Ein erstes verbreitetes Missverständnis besteht darin, Agilität mit Geschwindigkeit gleichzusetzen. Zwar können iterative Arbeitsformen dazu beitragen, schneller auf neue Entwicklungen zu reagieren. In der öffentlichen Verwaltung bleibt jedoch die Verpflichtung zu rechtssicheren Entscheidungen und nachvollziehbaren Verfahren bestehen. Schnelligkeit allein kann daher kein Maßstab für gute Verwaltungsarbeit sein. Entscheidend ist vielmehr die Fähigkeit, auch unter komplexen Rahmenbedingungen handlungsfähig zu bleiben und Kommunikationsprozesse so zu gestalten, dass sie sowohl zeitnah als auch verantwortbar sind.

Ein zweites Missverständnis betrifft die Vorstellung, Agilität bedeute weniger Struktur oder weniger Abstimmung. Gerade in der Kommunalverwaltung sind klare Zuständigkeiten und abgestimmte Entscheidungswege notwendig, um politische Verantwortung und administrative Verlässlichkeit sicherzustellen. Agile Arbeitsweisen können hier unterstützen, indem sie frühzeitige Abstimmungen, kurze Feedbackschleifen und eine stärkere Zusammenarbeit über Organisationsgrenzen hinweg ermöglichen. Sie ersetzen jedoch nicht die institutionellen Strukturen der Verwaltung (vgl. Kommunale Gemeinschaftsstelle für Verwaltungsmanagement, 2024b).

Ein drittes Missverständnis besteht darin, Agilität primär als methodisches Instrument zu verstehen, etwa im Sinne bestimmter Projektmanagementverfahren. In der Praxis zeigt sich jedoch, dass agile Arbeitsweisen vor allem eine Frage der organisationalen Haltung sind. Sie setzen voraus, dass Organisationen bereit sind, Erfahrungen systematisch auszuwerten, aus Rückmeldungen zu lernen und Arbeitsprozesse schrittweise weiterzuentwickeln. Lernfähigkeit wird damit zu einer zentralen Voraussetzung organisationaler Anpassungsfähigkeit (vgl. Lass-Lennecke, o. D., S. 8 ff).

Für das Kommunalverwaltungsmarketing bedeutet dies, dass Agilität nicht als Gegensatz zu Verwaltung verstanden werden sollte. Kommunikation bleibt an Recht, politische Verantwortung und organisationale Verlässlichkeit gebunden. Beweglichkeit entsteht vielmehr dort, wo innerhalb dieser Leitplanken neue Formen der Zusammenarbeit, schnellere Abstimmungen und lernorientierte Kommunikationsprozesse entstehen.

Agilität in der Verwaltung ist damit weniger ein radikaler Organisationswechsel als eine schrittweise Weiterentwicklung bestehender Arbeitsweisen. Ziel ist nicht die Auflösung administrativer Strukturen, sondern ihre Ergänzung durch Formen der Zusammenarbeit, die Lernen, Anpassung und frühzeitige Kommunikation besser ermöglichen (vgl. Effing, i. Dr.).

7.5 Ausblick: Professionalisierung, Digitalisierung und KI als organisationale Entwicklungsaufgaben

Die Anforderungen an kommunale Kommunikation werden in den kommenden Jahren weiter steigen. Digitalisierung, beschleunigte Informationsflüsse und eine zunehmend aktive Öffentlichkeit verändern die Rahmenbedingungen kommunalen Handelns. Für Kommunalverwaltungsmarketing bedeutet dies, dass professionelle Kommunikationsstrukturen und organisationale Lernfähigkeit künftig noch stärker an Bedeutung gewinnen.

Ein zentraler Entwicklungsbereich ist die Professionalisierung kommunaler Kommunikation. Dazu gehören klarere Rollen, verbindliche Abstimmungsprozesse und die frühzeitige Einbindung von Kommunikationsperspektiven in fachliche und politische Entscheidungsprozesse. Kommunikation wird damit zunehmend zu einer organisationalen Querschnittsaufgabe.

Parallel verändert die Digitalisierung die Kommunikationspraxis grundlegend. Digitale Plattformen, Online-Beteiligung und neue Informationsformate erweitern die Möglichkeiten kommunaler Kommunikation, erhöhen aber zugleich die Geschwindigkeit öffentlicher Debatten. Verwaltungen müssen daher Strukturen entwickeln, die digitale Kommunikation strategisch einordnen und dauerhaft handlungsfähig machen.

Hinzu kommt der wachsende Einfluss von künstlicher Intelligenz. KI-basierte Anwendungen können etwa bei der Analyse öffentlicher Diskussionen oder der Aufbereitung von Informationen unterstützen. Gleichzeitig stellen sich Fragen nach Verantwortung, Transparenz und Qualität öffentlicher Kommunikation.

Professionalisierung, Digitalisierung und der Umgang mit KI sind daher nicht nur technische Entwicklungen, sondern organisationale Lernaufgaben für Kommunalverwaltungen.

Fazit: Impulse für die Praxis

Kommunalverwaltungsmarketing ist weniger eine Frage einzelner Maßnahmen als eine Frage der Organisation. Für die Praxis bedeutet dies, zunächst die eigenen Strukturen und Arbeitsweisen kritisch zu überprüfen.

Zentrale Leitfragen für die organisatorische Verankerung
- Wird Kommunikation frühzeitig in fachliche und politische Entscheidungsprozesse einbezogen – oder erst am Ende sichtbar?
- Sind Rollen, Zuständigkeiten und Abstimmungswege zwischen Fachbereichen, Verwaltungsleitung und Kommunikationsfunktionen klar geregelt?
- Ist Kommunikation als organisationsübergreifende Aufgabe verankert – oder an einzelne Personen oder Stellen gebunden?
- Besteht eine funktionierende Verbindung von Struktur, Kultur, Rollenverständnis und Führung?
- Werden kommunikative Rückmeldungen aus Öffentlichkeit und Beteiligung systematisch in die Organisation zurückgeführt?

Erste Ansatzpunkte für die Praxis
- Kommunikationsfragen systematisch in bestehende Entscheidungsprozesse integrieren (z. B. als fester Bestandteil von Vorlagen, Projektaufträgen oder Abstimmungen)
- klare Ansprechpersonen und Zuständigkeiten für Kommunikation in den Fachbereichen benennen
- regelmäßige Austauschformate zwischen Fachbereichen, Verwaltungsleitung und Kommunikationsfunktion etablieren

M. Effing, K. Effing, *Organisation des Kommunalverwaltungsmarketings*, essentials, https://doi.org/10.1007/978-3-658-52039-7_8

- Kommunikation nicht erst bei der Umsetzung, sondern bereits in der Planungsphase von Vorhaben mitdenken
- bestehende informelle Lösungen (Netzwerke, persönliche Abstimmungen) sichtbar machen und schrittweise organisatorisch absichern

Wirksames Kommunalverwaltungsmarketing entsteht dort, wo Fachbereiche, Führung und Kommunikationsfunktionen zusammenwirken: Fachbereiche verantworten Inhalte, Führung sorgt für Orientierung und politische Anschlussfähigkeit, Kommunikationsfunktionen übernehmen Koordination und Übersetzung.

Die kommunale Praxis zeigt, dass auch unter schwierigen Bedingungen tragfähige Lösungen entstehen können und zwar häufig durch pragmatische Ansätze und engagierte Mitarbeitende. Diese sind jedoch nur dann dauerhaft wirksam, wenn sie organisatorisch abgesichert werden.

Kommunalverwaltungsmarketing wird dabei stets mit Spannungen umgehen müssen: zwischen Transparenz und rechtlichen Grenzen, zwischen fachlicher Logik und öffentlicher Erwartung sowie zwischen organisationsübergreifender Koordination und begrenzten hierarchischen Steuerungsmöglichkeiten. Diese Spannungen lassen sich nicht auflösen, aber bewusst gestalten.

Am Ende bleibt eine zentrale Erkenntnis für die Praxis: Kommunale Kommunikation lässt sich nicht vollständig planen oder kontrollieren, aber sie lässt sich organisieren. Genau darin liegt der Unterschied zwischen zufälliger Kommunikation und wirksamem Kommunalverwaltungsmarketing.

Was Sie aus diesem *essential* mitnehmen können

- Verstehen Sie Kommunalverwaltungsmarketing als Organisationsaufgabe – nicht nur als Kommunikationsaufgabe.
- Gestalten Sie klare Rollen, Zuständigkeiten und Abstimmungswege zwischen Fachbereichen, Führung und Kommunikationsfunktionen.
- Verankern Sie Kommunikation frühzeitig in fachlichen und politischen Entscheidungsprozessen – nicht erst bei deren Darstellung.

Literatur

Boerbaitz, B. (2011). The blame game: Spin, bureaucracy, and self-preservation in government [Review of the book The Blame Game: Spin, Bureaucracy, and Self-Preservation in Government, by C. Hood]. *Policy Perspectives, 18,* 123–125.

Bogumil, J., & Jann, W. (2020). *Verwaltung und Verwaltungswissenschaft in Deutschland* (3. Aufl.). Springer VS. https://doi.org/10.1007/978-3-658-28408-4

Bovens, M., Schillemans, T., & 't Hart, P. (2008). Does public accountability work? An assessment tool. *Public Administration, 86*(1), 225–242. https://doi.org/10.1111/j.1467-9299.2008.00716.x

Breyer-Mayländer, T., & Effing, M. (2024). Social Media im kommunalen Marketing. In C. Zerres (Hrsg.), *Handbuch Social-Media-Marketing.* Springer Gabler. https://doi.org/10.1007/978-3-658-42282-0_21-1

Breyer-Mayländer, T., Effing, K., & Effing, M. (2025). Grundlagen des Kommunalverwaltungsmarketings. In *Kommunikation in Kommunen.* Springer VS. https://doi.org/10.1007/978-3-658-48966-3_1

CIMA Beratung + Management GmbH. (2023). *Handlungsschwerpunkte Stadtmarketing.* Persönliches Mail.

Dunckel, T. (2020). Der rechtliche Rahmen der Verwaltungskommunikation. In K. Kocks, S. Knorre, & J. Kocks (Hrsg.), *Öffentliche Verwaltung – Verwaltung in der Öffentlichkeit* (S. 57–75). Springer VS.

Effing, M. (2025). *Social Media in deutschen Kommunalverwaltungen: Erfolgsfaktoren im Kontext eines transparenten Kommunalverwaltungsmarketings.* Springer VS. https://doi.org/10.1007/978-3-658-49244-1

Fayol, H. (1949). *General and Industrial Management.* (C. Storrs, Übers.) Sir Isaac Pitman & Sons.

Franz, H.-W. (1999). Wie lernen Organisationen, wie Organisationen lernen. *Sozialwissenschaften und Berufspraxis, 22*(4), 321–339. https://nbn-resolving.org/urn:nbn:de:0168-ssoar-37109

Grunig, J. E., & Hunt, T. (1984). *Managing public relations.* Holt, Rinehart & Winston.

Hood, C. (2011). *The blame game: Spin, bureaucracy, and self-preservation in government.* Princeton University Press. http://www.jstor.org/stable/j.ctt7tc57

Hungenberg, H., & Wulf, T. (2021). Organisation und Organisationsgestaltung. In *Grundlagen der Unternehmensführung*. Springer Gabler. https://doi.org/10.1007/978-3-658-35423-7_4

Kommunale Gemeinschaftsstelle für Verwaltungsmanagement. (2010). *Kommunale Organisationspolitik Teil 1 : Entwicklungslinien, Konzepte, Erscheinungsformen.* KGSt®-Gutachten Nr. 1/2010.

Kommunale Gemeinschaftsstelle für Verwaltungsmanagement. (2020). *Kulturwandel in der Verwaltungsorganisation: Veränderungen wirksam gestalten.* KGSt-Bericht (08/2020).

Kommunale Gemeinschaftsstelle für Verwaltungsmanagement. (2024a). KGSt- *Handbuch Organisationsmanagement.* KGSt-Arbeitsergebnisse.

Kommunale Gemeinschaftsstelle für Verwaltungsmanagement. (2024b). *Agilität in der Kommunalverwaltung: Von Pionieren über agile Methoden bis zur (R)Evolution.* KGSt-Bericht 05/2024.

Kommunale Gemeinschaftsstelle für Verwaltungsvereinfachung. (2004). *Marketing in Kommunen.* KGSt Bericht 9/2004.

Kuhlmann, S., & Wollmann, H. (2013). *Verwaltung und Verwaltungsreformen in Europa: Einführung in die vergleichende Verwaltungswissenschaft.* Springer VS. https://doi.org/10.1007/978-3-658-00173-5

Lass-Lennecke, K. (o. D.). *Herausgeforderte Organisationen – Lernende Organisationen: Wandel durch organisationales Lernen heute.* Universität Potsdam. https://www.uni-potsdam.de/fileadmin/projects/qup/dokumente/QUP2_Q3_1_Lernende_Organisation__Studienbrief__Leseprobe_.pdf. Zugegriffen am 10.03.2026.

Möltgen-Sicking, K., & Winter, T. (2018). *Verwaltung und Verwaltungswissenschaft. Eine praxisorientierte Einführung.* Springer VS. https://doi.org/10.1007/978-3-658-19085-9

Osborne, S. P. (2006). The new public governance? *Public Management Review, 8*(3), 377–387. https://doi.org/10.1080/14719030600853022

Pleil, T., & Zerfaß, A. (2014). Internet und Social Media in der Unternehmenskommunikation. In A. Zerfaß & M. Piwinger (Hrsg.), *Handbuch Unternehmenskommunikation : Strategie Management Wertschöpfung* (2. Aufl., S. 731–753). Springer Gabler.

Proeller, I., & Krause, T. (2018, Februar 19). *Verwaltungsmarketing.* Gabler Wirtschaftslexikon. https://wirtschaftslexikon.gabler.de/ definition/verwaltungsmarketing-49765/version-272992 lexikon. Zugegriffen am 04.12.2022.

®
FSC
www.fsc.org
MIX
Papier aus verantwortungsvollen Quellen
Paper from responsible sources
FSC® C105338